教育发生的地方

李斌 著

中国人民大学出版社
·北京·

目　录

前言
Foreword

这本书为中国 1000 多万中小学教师而写。

写给那些努力让命令、管控远离学校而让教育发生的人，写给那些深陷困境但从未放弃寻找教育出路的人，写给那些眼里有学生、始终相信教育的力量的人，写给那些对教师职业的意义感产生怀疑但依然孜孜不倦的人。

书稿完成后，我采访了北京市十一学校（简称"北京十一学校"或"十一学校"）的 6 位青年教师，她们在过去十余年里曾先后就读于这所中学。身处其中，离开，再回归。经历这样的变换，她们会如何评价昨天与今天的学校？综合她们的观点，可以归纳出学生（老师）眼中的理想学校，具备以下特征。

首先，学校有一以贯之的正确价值观。北京十一学校有 5 条核心的办学准则：1. 与共和国一同成长，共和国的利益高于一切。2. 认可稳定的教学质量以追求学生长远利益。3. 竭尽全力帮助教师，以方便教师竭尽全力帮助学生。4. 教育学首先是关系学，润滑关系以奠定教育的基础。5. 把钱花在离学生最近的地方。

把价值观镌刻在学校的墙壁上，是容易的；但要让它真正成为学校言行的准则，在面临诱惑、压力、选择、困惑的时候，用它指导和约束我们"做正确的事情"，则又是艰难的。价值观的脆弱，在于提炼出它的学校可以言行不一。而在这本书里，我们会在一个又一个的故事中感受到价值观的力量。

在坚守正确价值观的学校里，教育才会真正发生。

其次，学校充满活力，富有创新精神。"敢为天下先"，是十一学校的基因。这十几年来，学校创造看得见的民主与平等，营造了一种有利于信息流动、分享的生态，让对话、讨论成为校园里的常态，好创意在教师中间不断涌现。

20世纪90年代，美国心理学教授邓巴在持续的研究中发现，即使在当前科技技术最为先进的分子生物学实验室里，取得更多好创意的关键还是在于一群研究者围坐在会议桌上，各抒己见，共同分析和解决问题。在这本书里，我们会看到，十一学校是如何打开一扇窗，推倒一堵墙，破除人与人、组织与组织间的壁垒，给思想流动、碰撞的空间，创造各种机会让人与人建立起连接的。

在对话、讨论、相互学习成为常态的学校里，教育才会真正发生。

第三，学校竭力让学生变得更好。刘佳琪先后就读于香港中文大学、新加坡南洋理工大学，她说："在十一的日子里，不只有自由和快乐，还有真实可见的成长与蜕变。"受益于十一学校广阔的机会与平台，老师们莫大的爱与鼓励，她才能"从一个很不起眼的小女孩一步步发现自己的潜能，找到自信，变成一个更好的人"。她的同事，毕业于清华大学化学系的梁清馨，谈到十一学校带给自己的两大影响：一是改变了她对这个世界的认识，"让我知道小人物也可以有梦想"；二是帮助她建立了基本的学生观,"上课时常常会想起我的老师怎么对待我,再去思考我应当如何对待学生"。

谈及在中学母校的收获,我特意采访的6位年轻教师总结的关键词语,皆事关一个人的终身成长与幸福:学习能力、价值感、学会选择、勇于尝试、自律自主、开阔的视野、多元的思想、一生的朋友,等等。

在一所不唯分数、指向终身成长的学校里,教育才会真正发生。

第四,学校里有自己怀念和感恩的老师。梁清馨称高三的语文课是她的"思想启蒙",老师的课堂内容、观点、授课方式,全都让她耳目一新,"也逼迫我睁开眼看看、想想真实的社会到底是什么样子的,我究竟想成为怎样的人"。语文老师看世界的视角、工作的热情、创新的精神和实力,至今还激励着梁清馨。而高二时,一位化学老师用"堵楼梯口"的方式劝说有畏难情绪的她,应该把化学竞赛坚持下来,是她最终考上清华大学并选择化学专业的直接原因。

在这些年轻人眼里,十一学校是一所全面育人的学校,一个学生和老师都很幸福的地方,一所能让学生自由呼吸的伟大学校。就像刘佳琪说的,"学校敢为天下先,将很多人在纸面上畅想了无数次的教育理想付诸实践,并克服万千困难,走出了一条可行之路,让大家看到原来可以通过这样一些方式接近教育的本质"。

在师生都能被善待、被尊重的学校里,教育才会真正发生。

英国教育家肯·罗宾逊(Ken Robinson)在《让天赋自由》一书中讲了这样一个故事:

离我位于洛杉矶的家几百公里的地方有一个死亡谷,它是地球上最炎热、最干燥的地方之一。那里常年干旱，年平均降水量仅为50毫米。然而，在2004年到2005年的冬天，惊人的事情发生了。死亡谷的降水量超过了170毫米，这是世世代代都没有发生过的事情。然后，到了2005年春天，更令人惊喜的事情发生了：盛放的花朵覆盖了整个死亡谷。摄影师、植物学家和游客争相穿越美国来观赏这幅景象，这也许是他们此生再也无法重见的画面了。这一次的死亡谷充满了鲜活的生命，到处是一派生机。而在那年的春末，花朵都枯萎了，生命又一次尘封在炎热沙漠的地表下，等待下一场甘霖的到来。

这个奇迹证明了死亡谷并非完全没有生命，而都是在休眠。它们只是在等待合适的生长条件。当条件合适的时候，生命的繁荣景象就会再一次回到死亡谷。

肯·罗宾逊感叹道："人类和人类社会都是一样的。我们需要合适的生长条件，我们的学校、企业、社会和个人生活都是如此。如果条件合适了，人们将和他们周围的同伴，以及他们创造的环境一起发展。"理想的学校教育，就是要为人的成长提供合适的条件。

本书致力于回答这样的问题——理想的学校教育应该是什么样子，它在何种环境下才会真正发生。通过阅读书中的故事，读者朋友可以在脑海中勾勒出教育的样子。

一所学校经历的故事，会定义它是怎样的一所学校。本书第一辑《为了学生，做正确的事》，试图揭示一所学校持续创新的价值观和方法论。第二辑《让每一位老师体面地生活》，这些故事回答了如何做才叫把每一位老师当作专业人士来对待。第三辑《在师生相处中实现有效的教育》和第四辑《培养有想法的学生》，是对前两辑内容的呼应，它们表明一所管理上"教师第一"的学校，会如何实现教育上的"学生第一"。

　　书中的故事，发生在十一学校，但它们属于所有教育工作者。每一位读者都可以把自己代入其中，看到自己想看到的东西。我相信，开始于十一学校的这些故事，经过读者的眼睛、头脑后，会催生出属于每个教育人自己的故事。

第一辑

为了学生，做正确的事

"为了学校"，在有些时候，容易异化成"为了校长"。当校长的个人得失隐秘地成为决策的动机和因素时，学校的一些行为就有可能在冠冕堂皇的名义下偏离正道。不管是为了学校还是为了校长，不得不说，这经常会与"为了学生"冲突。

1.寻找关键成功因素

2007 年，对北京十一学校而言，是一个具有特殊意义的年份。从这一年开始，因为一个人的出现，这所学校的命运，以及它之于中国教育、中国社会的意义与价值，将被大幅度改写。

这年夏天，学校在老校长风光秀美的家乡召开暑期战略峰会，尚未正式上任的校长以主持人的身份参加了一年一度的例会，他提议的会议主题与形式，让人眼前一亮，一些老师从而感觉到这个主持人不一样。

他把 66 名骨干教师分成 8 个小组，展开了持续近一周的讨论。讨论过程中，他们主要使用了两种工具。一是鱼骨图。这是日本管理大师石川馨发明的方法，用来查找、分析问题背后的根本原因。二是头脑风暴法。这个方法确保通过畅所欲言以集思广益。讨论的主题确定后，小组成员一个接一个地陈述观点，有专人记录，他人不得评判。所有观点陈述完毕后进行核对、分类，再由小组成员依次评论每个观点。最后，将所有观点进行排序。

在头脑风暴和鱼骨图的交相辉映中，过去并未得到足够关注的一些问题进入大家的视野。比如，55 年来，学校经历了哪些关键事件，学校建筑要传达什么信息，校园里流传的故事和仪式是什么。

在主持人的引导下，他们试图寻找十一学校成功的基因："建校 55

年来，学校靠什么走到今天？"在热烈的讨论、碰撞中，老师们最终总结出了学校的七大成功基因：优秀的校长、一流的队伍、先进的理念与共同价值观、充满活力的体制与机制、逐步优化的生源、良好的硬件与资源，以及善于改革创新。

即将正式上任的新校长用这种方式开始了"承前启后"。他带领大家站在成功基因的肩膀上，又梳理出学校今后6年的"八大关键成功因素"，它们分别是：教师、机制、国际化、课程、生源、经费、数字化和改革创新。这些因素还将被细化成100多条可量化的指标。

指向未来的成功因素中没有出现"校长"，是因为十一学校认为，校长也是教师队伍中的一员，着重突出这个角色是不合适的。不久后，新校长在十一学校郑重提出"教育家办学"的主张，强调教师中绝大多数人之于教育的重要性，希望改变"一位好校长就是一所好学校"的普遍认知。"只有当一所学校的大批优秀教师，以教育家的情怀、教育家的境界、教育家的心态和教育家的教育艺术，来推动学校发展、影响学生成长的时候，这所学校才真正实现了'教育家办学'。"

2007年那个炎热的夏天，"关键成功因素"作为一个新鲜事物开始在十一学校登堂入室，并成为这所中学走向未来的奋斗指南。从它们的变与不变中，我们大致可以感受到十一学校的重要变化。

到2013年，十一学校改变"国有民办"身份，重新回归公办已近四年；"选课走班"也在老师们的担忧与欣喜中进行了两年；扁平化、分布式、制衡与分权的治理体系基本形成。依据学校党总支副书记张之俊的说法，十一学校的系统、育人模式已经发生了颠覆性的变化，"改革创新的意识已经深入'十一人'的骨子里"。此时，"机制""经费""改革创新"三个关键因素在修订时退出，取而代之的则是"个别化""内动力"

和"标准化"。

到 2020 年 1 月，"关键成功因素"又发生了重要变动："生源"升级为"学生"，跃居第二位，仅次于"教师"。"标准化"被"从教到学"取代。前者的变化意味着，当越来越多就近入学、校额到校的学生进入十一学校时，深入研究生源特点和成长需求，在目标引领、任务研发、作业设计、成长路径研究以及课程体系完善等多方面提升适切性，总结并探索有教无类、因材施教的经验与方法，成为重中之重。而要实现这些，就需要"从教到学"。

关键成功因素的修订，大致要经历这样一个过程：先由校务委员会决定修订，成立项目组；项目组拿出修订的初步方案并报校务委员会审议；然后提交教师代表大会（简称"教代会"）讨论。在一个多月的教代会期间，十几个小组不断地讨论、修订，再讨论、再修订，直至最终投票通过。

2022 年，"关键成功因素"这一说法退出了十一学校的舞台，取而代之的是清晰简洁，更能鼓舞人心的"战略目标"：1. 初步完成从教到学的转型，让学校成为学生学会学习的地方；2. 学生多元综合发展得到广泛认可，形成能支持不同潜能学生的成长系统；3. 建设一支能领导学生学习的教师队伍；4. 创造能够满足教职员工多元需求的好工作。

小贴士

1. 如何开会是一门学问。让会议告别效率低下的方法之一，是利用鱼骨图、头脑风暴法等工具集思广益。

2. 学校的今天，很大程度上是由过去的故事决定的。立足今天，回首过往，才能更好地走向明天。

3. 应聚焦关键事件，梳理学校历史，再以此为基础提炼学校的成功因素。

4. 过去让我们成功的因素，可能会成为新的障碍。引领学校走向未来的关键成功因素，不能一成不变，会因学校的变化而变化。

5. 应先成立项目组修订关键成功因素，再提交教代会讨论。

2. 继续走在通往伟大的道路上

如果只用一句话来表达十一学校与众不同的追求，可能没有比这句更适合的了："把十一学校建设成为一所受人尊敬的伟大的学校。"最初在听到这句话的时候，老师们大都感到惊讶，他们还很难把"伟大"这样的字眼和自己的学校，一所普通的中学，联系起来，也不觉得自己做的陪伴学生成长的事情，会与"伟大"有关联。

就像英语老师侯敏华担心和质疑的那样："提到'伟大'，人们会觉得你在做一件英雄做的事，但教师这个行业并没有给人英雄主义的感觉。用'伟大'来形容一所学校，是否会显得自不量力呢？"

但这句话在几经讨论、争议后，最终在 2009 年被写进了《北京市十一学校行动纲要》，成为学校的"使命"之一。一名记者知道后感到"十分震撼"，便问时任校长："为什么要提出'伟大'的概念？"校长引用了莎士比亚的一段话来回答，"有些人生而伟大，有些人成就伟大，有些人却是被迫伟大。""十一学校似乎兼而有之。"

十一学校是全国唯一以国庆日命名的学校，由周恩来总理批示建校、聂荣臻元帅命名，由罗荣桓元帅的夫人林月琴大校担任首任校长。林校长"把学校办成了孩子们的乐园，解除了朝鲜战场上将领们的后顾之忧"。在简要回顾学校"生而伟大"以及"成就伟大"的历史后，校长对那位记者说，身处十一学校，我们别无选择，必须动员各方力量，凝聚全校师生员工的智慧，"让十一学校继续走在通往伟大的道路上"。

但初次听到这句话的人，不管是校务委员会成员，还是像侯敏华那样的普通老师，几乎都觉得"调子太高了"，"一所普通的中学，离伟大实在是有点儿远"。在长达一两个月的教代会讨论期间，对这些不同的声音，校长静静地听着，他不动声色，也不急着解释，直到他认为听得足够多了，才简明扼要地做了一句点拨："伟大不等于没有缺点。""大家一下子就豁然开朗了。"张之俊老师说。

这期间发生的一件事，也给教代会的代表们以很大的启发。学生给一位叫邓芸的老师过生日，竟然在黑板上写下："伟大的邓老师生日快乐！"这让那位可以接受"亲爱的""可爱的""美丽的""智慧的"等形容词的优秀教师感到很惊讶、很惭愧，她觉得自己离伟大还很远。"我从没想过自己的确应该是一个伟大的老师。"后来，邓芸在教代会上分享道，"就在我引领学生发现了他们可以伟大的地方时，我可爱的学生也让我发现了自己可以伟大。"

回首学校这十几年来走过的艰难之路，侯敏华，这位在十一学校颇受欢迎和尊重的教师，已然觉得她的学校和同事们当得起"伟大"二字。她说，十一学校敢为天下先，付出常人难以想象的艰辛，面对巨大的压力和风险，坚持了下来，全面支持学生成长，"非常不容易，真的很了不起"。

2007年9月的某一天，尚未正式出任十一学校校长的李希贵，第一次和老师们外出调研。在飞往深圳的航班上，张之俊看到这位未来的校长正在读《基业长青》，这本书上有这样两句话：使命就像是地平线上指引的恒星，可以永远地追寻，却永远不可能达到。尽管使命本身不会变化，它却能激发改变。

"把十一学校建设成为一所受人尊敬的伟大的学校"，这个使命也正是如此，它是一所学校永无止境的追求，也是对全体师生的道德约束。校长说，既然要"受人尊敬"，那么学校的任何教育举措都应立足当下，着眼长远，为学生一生的幸福奠基；我们老师的举手投足、一言一行，都要为人师表。既然要有"大家风范"，那就要有大思路，有大视野，有大战略，有大举措，追求"删繁就简三秋树，领异标新二月花"的境界。

据张之俊介绍，十几年来，尽管不时有海淀区其他学校的优秀教师希望加入十一学校，但都被他们婉言谢绝。尽管"生源"曾是十一学校的关键成功因素之一，但他们也不愿从其他学校挖生源。在使命的感召下，十一学校的老师们开启了一项接一项的行动。

小贴士

1. 确立大目标的意义，可用印度诗人泰戈尔的一句诗来表达："飞向月球吧，即便最终无法登陆，你也能落在群星之中。"

2. 伟大不等于没有缺点，它也可以与普通的学校、普通的老师联系起来。

3. 要让老师相信学校的伟大使命，并接受它的要求和约束，需要学校领导以身作则，抵制诱惑，付出常人难以想象的艰辛。

4. 使命能激发改变。

3.首先要爱孩子，才有办法教育孩子

林月琴是十一学校的首任校长，正是在她卓有成效的努力下，一所学校从无到有，在荒地上拔地而起，成为学生学习、成长的乐园。她也因此给师生们留下了一个令人敬佩的模范校长形象。2002年，林月琴汉白玉雕像落成后，时任国家主席江泽民为林校长和十一学校的教师们专门题词"园丁"。

林月琴1914年出生于河南省商城县南溪街（今属安徽省金寨县），是一名经受过严峻考验的红军干部，在长征中两次爬雪山，三次过草地，历经千辛万苦。她是罗荣桓元帅的夫人，大校军衔。如今的十一学校还保留着林月琴校长的办公室和会议室，其中珍藏着她和罗荣桓共同使用过的躺椅、草帽和办公桌等用品。

1950年10月，抗美援朝战争爆发后，为解决中国人民志愿军一些将领的子女以及在国外担任武官的干部子女、革命烈士子女的入学问题，解放军总干部部长罗荣桓等人请示周恩来和毛泽东后，国务院和中央军委决定，在北京选择一处适当地点，创办一所寄宿制的军队干部子弟学校。筹备工作在1951年夏天正式开始，由林月琴牵头。

此前20多年，在枪林弹雨中，林月琴已展现出对教育事业的热忱与才华。她做过县苏维埃妇女儿童大队长、中共鄂豫皖边区儿童局局长。

1947 年，为解决前线干部子女无学可上、无人照顾的问题，更好地培养革命后代，时任第四野战军政治部组织部副部长的林月琴，创办了第四野战军干部子弟学校，并出任校长。这所学校后随军南下，2001 年更名为"广州市八一实验学校"。

1952 年 9 月 20 日，北京十一学校前身"新北京十一小学"正式开学。此校名经解放军代总长聂荣臻元帅批准，由张爱萍副总长题写校牌。学校校舍建筑设计以莫斯科少年军校为蓝本，著名建筑学家梁思成先生受林月琴之邀参加了建校图纸的研讨。

林月琴提出要创建一流的学校，在首次开学典礼上发布了校风词："要求同学们热爱祖国、热爱党、热爱劳动，认真学习、尊敬老师；要求教职员工像热爱自己的子弟一样去热爱学生；要求全校团结一致、克服困难、勤俭办学，将'新北京十一小学'办成培养无产阶级革命事业接班人的园地。"

为此，林校长从空军、海军、总政治部及地方选调了一批年轻军官和青年知识分子来校任教。满怀神圣的责任感和对革命后代的深情，她动员那些优秀的年轻人加盟。宋介曾就读于北京女子师范大学英语系，在延安陕北公学学习和工作过，对教育工作，可谓科班出身。林月琴邀请她一起筹建学校，因为很多将领抗美援朝，"把孩子丢下了，咱们这个学校得赶紧办起来，不然家长们不放心啊"。宋介回忆，林校长话不多，"但是很打动我的心"。此后宋介负责学校的教学工作。

在师生们眼中，林月琴既是严师，又像慈母。她要求老师们忠于职守，努力工作和学习。在日常的思想工作中，她从不空谈，不说教，总是从实际出发，与人为善，循循善诱。年轻教师对教学业务不熟悉，她便把他们送到八一小学、育英小学去实习，每周亲自去听课，看望他们。

她经常挎一个篮子去学校，里面装着她亲手做的家乡小吃，送给那些因上课来不及吃早餐的烈士子女和老师。她看出两位年轻的女教师想去总政话剧团观看苏联话剧《曙光照耀着莫斯科》，便送来两张票，还打消了她们想要提前退场以免错过回校末班公交车的顾虑，热情地邀请她们住在自己家里。临睡觉时，林校长还嘱咐两位老师："明天是星期天，不要那么早起床，好好休息休息，等吃过早饭，咱们一起去逛逛公园。"

一些学生，父母南征北战而疏于教育，调皮捣蛋。有的老师为此很是头疼，萌生了离开学校回到部队的想法。林月琴"软硬兼施"做工作，先是组织大家观看苏联电影《乡村女教师》，希望老师们感受到教师可以桃李满天下的职业荣光。然后她一个一个面谈，或者以情动人，"咱们这些孩子好多是烈士子女，都是革命后代、祖国的未来，你们首先要爱孩子，才能有办法教育孩子"；或者语气严厉："你想通了没有？你们都是军人，应该服从分配。"

一位名叫唐步　的创校教师回忆说："老校长用她的爱心浇筑了我，使我懂得教师就要对学生倾注全部的爱。""瞧瞧咱们的孩子"是林校长经常挂在嘴边的一句话。她不止一次地告诫老师们：这些孩子的父母，有的在前线，有的在国外，肩负繁重的领导工作，无暇教育自己的子女，也没有机会给他们更多的爱。学校担当了保育、教育革命后代的任务，责任重大。要爱孩子，让他们吃好、睡好、学习好，健康成长。

新北京十一小学第一期招生 500 人，只开办一至四年级。1962 年，学校改名为"北京市十一学校"。70 年来，林月琴一手筹办的这所学校弦歌不辍，薪火相传，为国家和军队培养了大批优秀人才，也为中国基础教育事业的改革与发展贡献了卓越的"十一经验"。

》本文素材由十一学校博物馆提供

小贴士

1. 为创建一流的学校，林月琴校长多方选调、动员优秀的年轻人加盟。

2. 林校长经常挎一个篮子去学校，里面装着她做的家乡小吃，送给那些因上课来不及吃早餐的烈士子女和教师。

3. 为挽留教师，林校长"软硬兼施"：一方面以情动人激发大家的职业荣誉感，一方面语气严厉要求"服从分配"。

4. 学校责任重大，要让孩子们吃好、睡好、学习好，健康成长。

4. 把将帅们的期望凝固成学校文化的符号

1992 年，十一学校建校 40 周年，这所曾经的中央军委子弟学校建校至今，得到过众多将帅的关心和支持。在筹备校庆活动时，学校有关部门与十一同学会商议，请健在的老将军们题词，以勉励学生，并计划建一尊以学校创办人林月琴校长为原型的"园丁"塑像，以示怀念。

十一同学会会长王鲁光、副会长李延、秘书长南自卫等人积极响应，为母校张罗。魏兆麟老师是建校元老教师，退休后在同学会常驻，许多元帅、将军的子弟都是他的学生。他四处奔走，联系校友和将军们的秘书，在学校 40 周年华诞前，征集到了近百名将军的题词。这些题词，加上之前一些元帅、将军的题词共计 100 多幅，悬挂于原校史馆内二层东侧，取名"将帅语林室"。

10 年后，在十一学校即将迎来 50 周年校庆之际，一个创意获得大家的首肯：建设将帅语林碑墙，把将帅们的殷切期望凝固成永久的符号和永恒的风景，化作校园文化的一部分。在中国人民解放军总后勤部的资金支持和十一同学会的具体操办下，将帅语林碑墙如期而立。

这段长 110 米、高 2.5 米的南北向钢筋水泥墙面上，镶嵌着许多图案。造型上几何元素丰富，并把红旗、红星、步枪等军队符号融入设计之中。如红五角星隐喻"红星照我去战斗"，枪支象征"枪杆子里出政权"，四面红旗表示"红军长征时期的四个方面军"，太阳意味着"阳光普照大地"。

碑墙的正中是时任国家主席江泽民为老校长林月琴汉白玉雕像和十一学校全体教师题写的"园丁"二字，表达了国家领导人对人民教师的敬重。聂荣臻元帅和徐向前元帅的题词——"开拓向前，为国育才""培养德智体全面发展的优秀人材"，则寄托了革命前辈对学校的希望。"能文能武，有道德，有知识，有健壮的身体""以德建校，争创一流""教书育人，桃李满天下，锲而不舍，青出于蓝而胜于蓝""以严导其行，以爱动其心"，这些题词分别出自萧克上将、张万年上将、张震上将、陈再道上将之手，表达了他们对十一学校师生的要求和期望。

十一学校时任教导处副主任起草了《将帅语林碑记》，学校语文特级教师王寿沂先生为之润色，尽显一所学校的"光荣与梦想"。

将帅语林碑记

玉泉潺潺，五松苍苍，十一学校，崛起一方。建校伊始，艰苦备尝，幸赖军委领导，多方共襄。召青年英才为园丁，选巾帼俊贤任校长。元帅莅临，殷切教诲；将军题字，语重心长。走笔龙蛇，挟来紫电清霜；征尘戎马，化作妙语华章。积久而丰，数百幅将帅墨宝，遂成语林，实为我校独有之精神食粮。

于今值建校五十周年，校园一新，布局有方，又获人民解放军总后勤部慷慨馈赠，修建碑墙。语林终由室内徙于此，可与松柏结友，同清风酬唱，迎万千学子，翘首吟哦，砥砺志向。俾后来者继将帅宏愿，发扬传统，创中华大业，前途无量。

伟哉语林，展先辈之风范！

盛哉语林，披世纪之霞光！

立此碑记，永志勿忘。

《人民日报》发文称将帅语林碑墙是"一部独具特色的德育教科书"，学校也充分利用这一意味隽永的教育资源，开展了重大节日护卫碑林等一系列德育活动。

》本文由十一学校博物馆提供，有删改

5. 顶峰不是休息的地方

2014 年暑假，十一学校的 100 多位骨干教师在京郊一处环境宜人的地方，开始了他们的"封闭研讨"。一位老师形容这种形式，让大家"像江水一样汇流在一起，交流经验，碰撞思维"。这是学校荣获首届基础教育国家级教学成果特等奖后的第一次战略会议，但不是为了表彰、庆功。

身穿蓝色短袖 T 恤，校长轻描淡写地和大家说了获奖的事，然后郑重地提出"顶峰不是休息的地方"。闻听此言，特级教师王笃年咧嘴一笑，心想"上当了"。几年前，学校开启课程变革时，校长和课程研究院院长秦建云表态说"大家辛苦几年"。言外之意是，豁出去干几年，等有了好的成就，大家就可以缓一缓了。

如今，大家辛苦取得的成就，已得到了学校内外、上下一致的高度认可，用"特等奖"的推荐词说就是：自 2007 年以来，十一学校通过课程校本化，构建了分层、分类、综合、特需课程体系；建立了新型管理体系，取消了行政班和班主任，实施咨询师制和教育顾问制；形成了民主、平等的师生关系，实现了全员育人、全程育人；构建了强化社会责任感和社会实践能力的活动体系，等等。其中任何一项取得突破，都值得一所学校感到骄傲和满足，何况十一学校是全面开花、结果。

王笃年的"上当了"自然是玩笑话，从校长的报告中，他和同事们都觉得"这口气不能松下来，还有很多事情要做"。

校长围绕"掂量十一""会诊十一""拥抱十一"三个方面，基于学校的成就与问题，花了两个多小时详谈应该如何再次出发。他引用了著名的公式"知识＝经验×反思^2"来强调反思的价值，他解读英国管理学家查尔斯·汉迪（Charles Handy）的 S 形曲线定律，特别强调避免盛极而衰的秘诀是，在达到第一条"汉迪曲线"的最高点前，另起一条新的曲线。

此刻，老师们也都意识到，学校到了另起一条曲线的时候。但这不是另起炉灶，而是承前启后，"补偏救弊，着力课程调整；循序渐进，推进教学变革；学生为本，改善组织架构"。在阐述教学变革的重点时，校长提出"为每一位（类）学生的学习而设计"。

直面问题、分析痛点、分享策略，告别荣获国家级特等奖的志得意满，探讨"当学校成为焕发活力的生命体时，我们需要直面哪些更优化的改进"等主题。这种忧患意识与使命担当成为此次会议的主旋律，也体现在会议手册中："今天，我们发现那个仍被称作学校的地方又变了。当每一个学生的学习起点和终点都各不相同的时候，当我们的学生在教室里再也听不到老师说'现在开始'的时候，我们再以'课程'为基本管理单位，还行吗？""今天，我们发现那个仍被称作学校的地方变得越来越快。移动互联网改变着整个社会结构，一个中间层次大大缩减的时代，一个通过分享、连接实现创造的人人时代，一个给每个人机会，也拉大每个人距离的时代，我们再用传统的方式'制造'，还行吗？"

十一学校的第一条"汉迪曲线"包括两个阶段 —— 以组织结构变革驱动学校的整体变革，以课程变革为杠杆撬动组织结构进一步完善。这两个阶段的变革使十一学校初步完成了育人模式的转型。学校的第二条

"汉迪曲线"将往哪个方向上扬？此次峰会让老师们意识到，课堂变革就是十一学校实现二次成长的"汉迪曲线"。也就是后来总结出的"学习驱动"。

但校长并没有在会后就急切地开启这项行动。大约一年半后，北京市十一学校第十二届第一次教代会开幕。这天下午 4 点 30 分，校长身穿只在重要场合才穿的深蓝色西装，走上了舞台，他轻点遥控笔，巨型幕布上跳出他报告的主题："接下来怎么走？"据沈祖芸老师透露，这个报告校长准备了一个月，前后修改了 12 个版本，每一张幻灯片都反复打磨，"他希望以逼近完美的姿态宣布学校开始二次成长的阶段"。这个新的战略重点，校长称之为"基于标准的学习"。

他语调轻松地对大家说："真正的'最后一公里'到了。如果我们突破了这一步，那么学校就真正完成了转型，成为面向未来的、面向个体的理想学校。"听到校长用带有山东口音的普通话说出"真正的'最后一公里'"，全场一片欢笑。有老师后来调侃他说："再也不会像以前那样上你的当了。"

要走完这"最后一公里"，需要多久？校长说，至少 10 年。

未来 10 年，乃至更长的岁月里，他在 2014 年那次封闭研讨中发出的四大追问，对十一学校来说都不会过时："我们的内心是否足够强大，能让我们始终走在艰难而理想的道路上，且对捷径目不斜视？我们的平衡能力是否足够强大，能让我们既笃定立德树人的教育理想，又始终保持稳定的高升学率？我们是否有足够的耐心，不求跨越式、无须高速度，而是按照教育规律缓慢而目标明确地前行？我们是否有足够的自我超越意识，敢于不断刷新自我、打破瓶颈、寻找制高点？"

> **小贴士**
>
> 1.暑期的"封闭研讨"让人与人连接、碰撞，成为创意的重要来源。
>
> 2.获得重大荣誉时，恰恰是反思和拥抱问题的极佳时机。
>
> 3.避免盛极而衰的秘诀是，在达到第一条"汉迪曲线"的最高点前，另起一条新的曲线。
>
> 4.不断自我追问，正确的问题比答案更重要，它能开启进一步的思考与行动。
>
> 5.确定新的变革方向后，不用急着行动，应留一点儿时间给老师们酝酿。

6. 寻找制高点

2014 年 12 月的一天，在中国教育学会和《未来教育家》杂志主办的"中国教育家成长·30 年三座高峰"论坛上，中国教育学会常务副会长刘堂江请三位校长谈谈个人成功的理念和秘诀是什么。被誉为"三座高峰"之一的北京十一学校校长在谦虚地表示"到现在为止，我都还不了解成功到底是什么"后，分享了一些朋友为他总结的三个成功关键因素，其中之一是"寻找制高点"。

他说："干一行，就要知道这个行当最高的地方在哪里。只要知道哪个地方有经验，哪个地方在某一个领域有改革，我就去学习。这是我的一个特点。"自然而然，寻找制高点、向行业标杆学习，也成了十一学校重要的方法论。这能帮助老师们破除思想观念上的障碍，明确和坚定改革发展的方向，习得和借鉴先进的管理、教学理念和工具。

"不要去重新发明轮子"，校长经常这样提醒他的同事与同行们。在一篇题为《课堂，一个国家未来竞争力之窗》的文章中，作者沈祖芸写道：寻找制高点是十一学校的文化特质。要破解难题或者研究一个新的领域，千万不要闭门造车地苦干。开启"从教到学"的变革以来，学校从马扎诺（Robert J. Marzano）的流派中"拿到"了目标分类的新逻辑，从 UbD（基于理解的教学设计）中学习了逆向设计的核心框架，从苏珊·M. 布鲁克哈特（Susan M. Brookhart）的理论中汲取了学习目标、量规、形成性评估的设计方法，从韦伯（Webb）的理论中抓住了 DOK（知识深度）脚手架，这些都是现成的"轮子"，而且他们已经在各自的领域中达到了顶峰。

2015 年 5 月，沈祖芸随十一学校的老师们访问美国。她说，在纽约顶尖的布朗克斯高中（Bronx High School of Science），校长看到纽约州的"教学标准"后兴奋不已。回到学校，他就召集几位老师，布置任务：研究如何参考"纽约州的教学标准"来形成十一学校的应用；能否有最简洁的、人人能记得住的听评课观测点，通过指向非常明确的描述，让每一个教师都非常清楚课堂应该追求什么。

十一学校最初提出选课走班、打造学科教室的想法，一些老师是不理解甚至反对的。他们认为那样做"不靠谱"，会导致学生不可控，成绩受影响。有些老师搞不明白学科教室应该长什么样，应该为教与学提供什么样的支持。学校先后派了几批老师去托马斯·杰佛逊高中（Thomas Jefferson School）等优质的中小学参观学习。这是实施选课走班的"动员令"，也是对学科教室的"科普"。一些原本无动于衷甚至反对的老师回到学校后，成了变革的支持者、先行者。这些心存梦想的教师很快调整了自己的认知，认为选课走班更符合学生的发展规律，更能发掘学生的潜力，所以"克服困难也要上"。

很多组织的领导者信奉"说理"的力量。他们认为，启动一场变革可以分三步走：提出问题、分析问题、提供解决方案。但对那些心存疑虑或者反对的人而言，这种说理反而会引发更强烈的反对情绪。更明智、更有效的做法是，让人们眼见为实，通过观察或者直接体验去激发内心的愿望。参访行业的制高点，能够让人直观地感受到自己应该做什么。

2021 年 12 月 13 日，北京市朝阳区政府与十一学校举行合作办学签约仪式，十一学校将在该区举办一所科学高中。2010 年，十一学校开办国内首个科学实验班前后，学校也派出王笃年等老师到韩国、美国的科学高中考察、学习。韩国首尔科学高中的校长是韩国科学院院士，他告诉中国的来访者们，办科学高中的目的，就是为了与世界其他民族的优秀人才展开竞争。

而那些被寄予厚望的中学生们，学习的高度和强度也出人意料。他们在火箭、光学、天文学等实验室里，废寝忘食地探究那些似乎超出其年龄的重大问题。有的老师一早来到教室，需要缓缓地、轻轻地推开门，以免撞倒倚在门上睡觉的学生。有一家科学高中，学生晚自习到深夜 12 点 30 分，早晨 6 点起床。这让十一学校的老师们觉得不可思议，很受震撼，也意识到学生在深入学习感兴趣的内容时，潜能是巨大的。后来，学校第一届科学实验班还真有一位学生，无周末、不间断地学习了一个学期。他周六要上物理竞赛课和化学竞赛课，周日因为拔尖人才计划要去北京大学的实验室做实验，非常辛苦。"但事实证明，这没有影响他的发展。"首届科学实验班的班主任王笃年说，这名学生先被保送清华大学，后又进入剑桥大学攻读博士学位。

国内的优秀企业和学校也是十一学校学习的对象。王笃年曾与 4 名同事在山东一家公司住了一周，学习"六西格玛管理"。校长曾带着他的同事们走访清华长庚医院、顺丰快递、华为、腾讯等单位。十一学校的竞赛课程曾经比较薄弱，他们虚心向北京、上海、浙江的几所高中学习如何招聘教练、完善课程等，结果后来居上，如今在北京乃至全国都处于领先地位。

小贴士

1. 寻找制高点，向行业标杆学习，是十一学校重要的方法论。

2. "不要重新发明轮子"，借用、结合别人的好创意，重新组合也是创新。

3. 实施变革的最好的"动员令"，不是解释说明，而是让人们眼见为实。

4. 国内的优秀企业和学校，也是十一学校学习的对象。

7. 为了学生，做正确的事

西蒙·斯涅克（Simon Sinek）执教于哥伦比亚大学，他致力于研究世界领先的组织和有影响力的领导人的思考、行动和沟通方式。2019年，他在一次 TED 演讲中分享了自己的发现：那些伟大的组织和领导人成功的关键在于，他们总是从思考和回答"为什么要做"（why）开始。

对"为什么要做"的回答事关目的、意义、初心、本质等重要内容。观察和学习十一学校，不能只看它"做了什么"（What）、"怎么做的"（How），弄清楚他们为什么要那样做更为重要。

曾经有人问十一学校的李校长："在你克服障碍、走过坎坷，一路走下来的时候，你为什么能够始终慢慢接近理想、慢慢接近坦途、慢慢能够向着正道越来越近？"他回答说，最重要的是因为他坚守了"三把尺子"：为了目标还是为了方式；为了学习还是为了学科；为了学生还是为了学校。这三把尺子都是对"为什么要做"的思考和追问，可以用它们来判断何谓"正确的事"。

2008年前，十一学校的校服并无出彩之处。它和别的学校的校服一样，都是按照教委的有关要求，在指定的厂家定制的。校长决定改变这一现状，认为校服款式应该由学生自己来决定。他将校服视为青春期重要的审美教育资源，与阳光、自信有关，而不应该被打上难看、死板、毫无个性之类的标签。

学校挑选了一家信誉良好、质量上乘的运动服装品牌作为战略合作伙伴，由它来制作学生认可的校服。但这样做，与教委的有关制度发生了冲突。相关部门要求十一学校改变"错误的做法"，但学校没有机械执行，而是积极跟教委沟通。

这一行为得到了上级主管部门的理解与支持。有一天，海淀区学校后勤管理中心的人员竟然带领广州市的教育同行，来到十一学校，学习他们在校服管理方面的工作经验。

十一学校食堂的运营也很有特点。学校坚持通过市场化的竞争而不是行政化的管理，来激励食堂为学生提供更高质量的餐饮服务。学校没有自办食堂，而是建立了三家餐饮公司良性竞争的机制，每年由餐饮公司最重要的客户——教师和学生，对它们的服务质量打分，并决定其去留。这使得食堂深受师生好评，竟有一些学生声称选择来十一学校就读，是因为它的食堂饭菜好吃。《十一地图册》在介绍食堂时，用了一个小案例来体现它的竞争力：一位考上名牌大学的学长坦言"大学的饭没有十一的好吃"。因此，他一回母校就必去食堂。

"为了学校"，在有些时候，容易异化成"为了校长"。当校长的个人得失隐秘地成为决策的动机和因素时，学校的一些行为就有可能在冠冕堂皇的名义下偏离正道。不管是为了学校还是为了校长，不得不说，这经常会与"为了学生"冲突。

在2014年的全国中学生物理竞赛中，十一学校有四名学生进入国家集训队，并获得参加亚洲物理奥林匹克竞赛的资格。当时的十一学校，尚没有物理学科的亚洲金牌，如果学生们能斩获佳绩，对学校来说无疑是巨大的荣誉。但集训一段时间后，有三名同学陆续决定放弃参赛机会，理由是再花几个月的时间反复刷题不值得，他们希望利用这段时间研究自己真正感兴趣的物理问题，提前学习大学的内容（这三名同学因出色的竞赛成绩已提前被大学录取），并珍惜高中生活的最后几个月，做一些物理学习之外的事情。一开始，家长和老师都不太理解，他们反复和三名同学沟通，"一轮一轮地谈"，希望他们回心转意，去拿回那唾手可得的金牌。用来说服同学们的理由听起来都很有道理，譬如这是一生中难得的经历，再坚持几个月就能到一个更高的高度，万一未来后悔了怎么办，等等。

但校长跟三位学生站在了一起，他对老师们说："我们是为了学校还是为了学生？如果从学校的角度考虑，那必须逼着学生去拿金牌，为学校争荣誉；如果真是从学生的视角去考虑，为了他们自己，就应该尊重学生的选择。"

尽管年级的老师并不认同他们的选择就是正确的、合适的，但也只能接受说服失败的事实。时任年级主任王春易老师说："在咱们学校，学生真的有自己的选择权，学生的意见真的被尊重。"留在国家队的那名同学不出所料，捧回了亚洲物理奥林匹克竞赛金牌，他与其他三名拒绝继续参赛的同学，后来都进入世界一流大学从事与物理相关的专业学习与研究。三名学生退赛可能会让学校失去金牌，但却让学校赢得了学生的尊重。

小贴士

1. 那些伟大的组织和领导人，总是从思考和回答"为什么"开始。

2. 观察和学习十一学校，不能只看学校做了什么、怎么做的，更要追问学校为什么要那样做。

3. 用"三把尺子"判断何为正确：为了目标还是为了方式；为了学习还是为了学科；为了学生还是为了学校。

4. 如果真是从学生的视角考虑，真是为了他们自己，就得尊重学生的选择。

8. 服务不好，就给差评

从 2007 年 10 月开始，十一学校用了约三年时间，把十多个中层部门压缩至四个（分别为教导处、总务处、办公室和人力资源部），其中教导处合并了原教学处、教育处和科研处等多个机构的功能。教导处不再行使管理权，而是作为职能部门，以支持人员的角色与年级展开合作。让企业界受益匪浅的"扁平化"组织结构，前所未有地在一所中学扎根、生长。

在学校组织结构呈"金字塔"状的时代，刘笑任年级主任时，教导处是她的上级部门。"我们按照它的各种指令行事，不用动多大脑筋。年级的自我设计与管理，是不可能发生的事情。"后来，她转身成了"扁平化"时代的教导处主任，已经没有了前任的那种权力，属于她的关键词是"服务、规划、协调"。有老师开玩笑说："见到教导处的不害怕了。"

但从理念到行动，中间有一段艰难的路要走。最初，会存在一些职责不清的情况，需要通过不断沟通、协商在混乱中理出清晰的边界和秩序来。教导处的不少职员依然怀念在办公室里发号施令的工作方式。"服务？那岂不是比学部（年级）低一等，伺候别人？"刘笑只好领着他们重新认识"服务"是什么、不是什么：它不是伺候人，而是要给教育教学一线提供有力的支持，为他们创造更好的工作环境，归根结底是"为学生提供更好的服务"。

但刘笑也没想到，连装黑板那种原本属于总务处的活儿也落到了他们头上。她找到校长说："实在忙不过来，装黑板这个活儿能不能让总务处干？"校长反问她："跟一线的教育教学有关系的事情，你认为总务处和教导处谁更了解？""这句话点醒了我。"刘笑说。2013年暑假，她便心甘情愿地待在学校，与黑板为伍。

自从学科教室出现，每间教室都在追求各自的特点，都需要个性化设计。不过，当老师们绞尽脑汁布置学科教室时，并没有想到它们有一天会成为高考考场。2013年教导处布置考场时，把几间教室墙壁上的东西都摘了下来，把书柜也搬了出去。"老师们在一旁心疼得直跺脚。"学校只好暂停这项工作，向海淀区教委申请用大白纸盖住教室四周。教委派人来到学校，四处看了看后，最终同意。

刘笑如果不能保护好老师的学科教室，可能会影响她的满意度测评。从1988年开始实行的对校长信任投票制度、对干部满意度投票制度仍在进行。当对校长的信任率低于60%或连续三年低于80%时，校长将主动提出辞职；满意率低于70%的人，将不适合承担干部职能。2013年8月28日，教代会当场公布了由贾祥雪等6位监计票人签字认可的"校长信任票统计结果通报"：正式代表105人，信任103票，不信任1票，弃权1票，信任率为98.1%。

一位教代会代表说，投票是无记名的，根本不知道是谁投的票。"从校长到各个部门，如果服务不好，我们就会给差评。"

当学校的组织结构从金字塔式转变为扁平化，学校的行政部门变成支持部门后，寻找客户并想方设法满足客户需求，就成为一项重要的工作。过去，图书管理员的一大关注点是如何做到不丢一本书，"那最好没人借书。这就违背了设立图书馆的目的"。现在的图书管理员会专门到各个年级、各个教研组去询问他们的客户 —— 老师们 —— 需要什么书，然后买回来再送书上门。

"谁都不会否认以学生为本，以教学为中心，但真正让这样的追求落地，并非易事，原因就是组织结构存在严重障碍。"时任校长在一篇文章中写道。在一般的学校里，普通师生与校长之间隔着四五个层级，"这样的结构会生出诸多繁文缛节，要想实现真的以学生为本，实在只能靠碰运气"。

而十一学校扁平化的组织结构，是要确保教师和学生层面的诉求得到快速反应，让资源流向离学生最近的地方，能产生教育教学效益的地方。

学校召开校务委员会会议时，有一个席位是必须留给学生代表的。有时候，这个位置上会坐着某位同学，向校务委员会汇报开学典礼方案或参与其他有关学生利益事项的讨论。它的存在已成为一种象征，提醒着学校的决策者们：无论是通过一项决定，还是要否决某件事，都必须从为了学生成长的目标出发。

小贴士

1. 压缩、调整中层部门，把金字塔式的组织结构扁平化，确保师生诉求得到及时反应。

2. 变革之初会存在职责不清的问题，可以通过沟通、协商理出清晰的边界和秩序。

3. 应把学校的行政部门变成支持部门，让它们寻找客户并想方设法满足客户需求。

4. 实施对校长信任投票制度、对干部满意度投票制度，服务不好就给差评。

5. 在校务委员会的会议室里留一把椅子给学生，以提醒决策者从学生成长的目标出发。

9. 像药品说明书那样管理风险

十一学校的改革让大胆创新与稳健持续集于一身成为可能。它改变了学校的样态，但没有遭到利益相关者的反对；它的转型之路虽然艰难，但未因重重困难而止步；它创造了一个充满选择的校园，着眼于学生的长远利益，但没有牺牲分数作为代价。这种高质量的平衡，在很大程度上得益于学校上下管理风险的能力。

中国教育报退休的资深记者李建平常年浸泡在十一学校的师生当中，写成著作《中国教育寻变：北京十一学校的1500天》。在学校转型之初最艰难的日子里，她能明显感觉到变化和不确定性带给老师们的巨大压力。她描写一位年级主任的状态：变化快得让人头晕，自己好像在一个巨大的滑板车上全速前进，在高高低低的峡谷中冲上滑下，一会儿兴奋不已，一会儿情绪低沉，一会儿欣喜若狂，一会儿陷入急躁和焦虑。种种没有遇到过的问题全都冒了出来，将她包围起来。

在改革最艰难的日子里，校长也天天在学校里守着。"这样一场深刻的变革，开始时风险很大，你无法预料会发生什么，你不知道随时会出现什么问题。"他对李建平说，"过去，我们说摸着石头过河，现在连石头也摸不着了，整个人是在水里扑腾，一不小心就会被淹没。"

几年后的2014年3月，教育部在十一学校举办新闻发布会，专门介绍该校的教改经验。教育部新闻发言人用了两个看似矛盾的成语来形容："悄无声息，惊天动地。"这所中学能够静悄悄地干成很多人不敢想、不敢干的大事，与其出色的风险管理能力有关。这也表明，改革的风险是可以管理和控制的。

绝不做无把握之事，是十一学校规避风险的原则之一。因为学生不能成为改革的实验品、牺牲品，而只能是改革的受益者。"当我们还搞不清楚这么做的风险是什么，用什么方法能回避这个风险的时候，我们绝对不做。"秦建云说，他是十一学校课程研究院首任院长，"我跟校长一说什么事，他第一件事情就是问风险在哪，说不出来那是不可以的；光说出风险还不行，还得说出对这个风险的评估以及回避风险的策略。"

公开、坦诚，不但不回避问题和风险，反而主动、热情地去"拥抱"它们，这是十一学校管理风险的又一原则。"像药品说明书那样坦言教育的禁忌与风险"，会让风险变得更加可控。早在山东省高密一中任校长时，30多岁的李希贵就开始用"风险管理网格图"来管理风险。网格图的纵坐标是风险产生的可能性，从 1 到 10；横坐标是风险一旦产生可能造成的影响，也是从 1 到 10。在对每一次改革的风险进行头脑风暴，排查出各种风险后，对它们进行排序，把前 10 位的风险填到风险网格图中。如果一个风险发生的可能性是 6，产生的危害是 9，就是 54 分。

那么，谁来管理这个 54 分的风险？用什么措施来管理？

李校长当初在高密一中进行语文教改，推行课内主题阅读时，就排查出了 100 多个可能的风险，最后有 6 大风险被管理。其中第一大风险是刚开始大量阅读的时候，学生的期中考试、期末考试成绩可能会略有下滑。这个风险发生的可能性是 9。因为大量阅读会占用学生不少时间，考试成绩会有所下降。而这个风险一旦产生，危害也是9，它会引发家长、老师的质疑甚至反对。要管理好这九九八十一分的风险，必须依靠语文老师和班主任。比如，在课前增加五分钟的语文基础知识练习。

排查风险、规避风险成了"十一人"特别重要的工作。他们以学科、年级为单位，不定期地组织风险排查，频繁的时候一两个月就有一次头脑风暴。学校开启从教到学的变革时，在语文学科预估的众多风险中，有一条是"刚进入学校的新生可能会不适应"。那些长期习惯按照老师的指令去完成各种学习任务的孩子，可能会在最初的一个月里感觉无所适从，不知道该怎么学习。应对的策略是，在开学第一周将重点放在指导如何学习上，帮助新生做好学习规划，让他们看到规划的好处，明白今后的学习样态以及自己应该怎么做。

把工作标准化、流程化，也是十一学校管理风险的重要举措。学校汇集成功经验，吸取失误教训，形成各个部门、各项工作的规范要求、工作问答、具体流程、工作关键点、对接部门等。即便是初次接触者，也能"按图索骥"开展工作。这种工作"清单"，如同一份份质量控制标准确立了统一操作的标准，节约了沟通成本，降低了犯错的可能性。这方面的典范来自航空业和医疗业，飞行员翔实、具体的操作手册来自一次又一次血的教训和悲剧。而据《清单革命：如何持续、正确、安全地把事情做好》一书透露，一张小小的清单，让约翰·霍普金斯医院原本经常发生的中心静脉置管感染比例从11%下降到了0；15个月便避免了43起感染和8起死亡事故。

很多预估中的风险最终都不会发生，就像药品说明书上列举的各种副作用一样。"与其提心吊胆，不如提前把风险评估出来，做的时候尽量避免风险，而不是盲目往前走。"十一学校认为，简单地否认风险，或者因为有风险就拒绝改革，皆不可取。改了可能有风险，不改肯定有风险。"理性地认识并接受是第一步，而后寻找风险背后潜在的原因，管理风险，控制风险，这是我们应当采取的态度。"

小贴士

1. 在改革最艰难的日子里，校长天天待在学校不外出，以防出现无法预料的问题。

2. 绝不做无把握之事。学生只能是改革的受益者，而不能成为改革的实验品、牺牲品。

3. 可以用"风险管理网格图"来管理风险，提前预估风险，尽量避免风险。

4. 把工作标准化、流程化，也是管理风险的重要举措。

5. 公开风险，会让风险变得可控，很多预估中的风险都不会发生，就像药品说明书上列举的各种副作用一样。

10. 取消班主任：
不大张旗鼓，分步推进

作为"选课走班"首批吃螃蟹的人，2014届学生是十一学校校史无法绕开的群体。他们最终在老师们的忐忑不安中取得了灿烂的高考成绩，也用自己的言行体现出了优秀的品质：高度的自律。

高考前的体检，是时任年级主任于振丽印象最深的一件事。数百名不能吃中午饭的学生，带着牛奶和面包，一批接一批浩浩荡荡地赶到医院。抽完血后，学生聚集在医院的广场上吃东西，没有老师提醒他们不要乱丢纸屑之类，用于振丽的话说，"咱们几百人吃完后呼啦就都走了，整个广场连一片纸屑都没有留下"。

医院安排了几位清洁工严阵以待，结果一个都没用上。医院的保安目睹了这一幕，感动得直说，他们接待了多少所学校的学生，从来没有见过这样的。"你们进去休息，学生的包我们来看。以后十一学校的学生来体检，你们都去休息，都不用管。"几位外表朴素的保安如此表达他们对这所学校的喜爱。八年后，回顾此事，于振丽说，过去行政班的学生在班里是一个样，走到楼道里可能就不一样了，出了校门就更不知道举止如何。"学生出了校门后依然很有素质、很有教养，这种高度自律就是我们想要达成的效果。"

在 2011 年选课走班之初，于振丽可没有说这话的底气，那时，她更多的是担心。她曾经是一名出色的班主任，擅长把自己的印记烙在学生身上，以把学生"塑造成我，让别人一看就知道是于振丽教出来的学生"为荣。一听说要取消行政班班主任，这个"世界上最小的主任"，于老师心里就七上八下的。毕竟，大家从小就习惯了班主任的存在，从未想过这么重要的角色还会有消失的一天。在老师们看来，这也将是一件惊天动地的大事，即便是校长，出于稳妥推进的考虑，也希望在最初三年让选课走班与行政班并存。这意味着在十一学校新出现的导师将和班主任并驾齐驱。学生的表现却让这个过渡期大大缩短。在不到一年的时间里，第一届选课走班的年级，经历了班主任、班主任和导师共存的阶段后，学校悄悄取消了班主任，"学生们也没有感觉到什么变化"。

在学生心中，班主任有巨大的影响力。只要还有行政班和班主任存在，学生下课以后还是习惯去行政班，如此导师的力量使不出来。于振丽说，这不利于学生打开视野、广交朋友，从各个老师那里吸取营养。在一定意义上说，行政班成了学生发展的制约和束缚。

不能为了学生的长远利益而牺牲眼前的利益，是十一学校推进变革的一大原则。两者必须平衡好，避免出现大的震动。学校不会大张旗鼓地召开师生大会，宣布从此取消班主任，而是以平缓的方式处理：从第四学段开始，学校不再开班会。这一体现班主任存在感的重要形式被取消后，导师可以更方便地走近学生，学生也没有意识到有什么变化。依然有家长给班主任打电话，依然有学生找班主任，没关系，班主任接过来，把相关问题对接给导师，由这个中学里的新角色去处理。于振丽说，家长们也没什么感觉，"他们关心的不是谁来解决我的问题，而是我的问题解决了"。

取消班主任，对学校来说，毕竟是大事，也极具历史意义。身为高一年级主任的于振丽心想："这事总得找个机会跟学生说一声吧。"恰好在放假前，一位在美国做了一年交换生的学生回来了，校长建议她去找于振丽老师聊一聊。她讲了自己在国外学校选课走班的经历。最初以为没有班主任不会有人管，没想到在迟到三次后，她接到了教育顾问发来的通知单，要求她接受惩罚：在放学后留在学校多学习两小时。这名交换生此时才明白：原来不是没人管，重要的是培养自律，学会自我规划和自我管理。于老师一听就很兴奋，邀请她给年级的学弟学妹们讲一讲在国外的学习经历。

大家听得都入了神。讲完后，于振丽问学生："这种自我规划、自我管理的教育，是不是特别好？"大家点头。"你们不也已经这样了吗？你们知道咱们已经有一个学段没有班主任了吗？"于老师又对大家说。学生齐声回答"不知道"。于振丽又追问："没有班主任，有问题吗？""当然没问题。"于振丽虚惊一场，"大家高高兴兴、欢天喜地地放假回家了，一点儿震动都没有"。

时任海淀区教委主任有一次对十一学校的领导们说："别的学校要搞点儿改革，总有告状的。你们这么大变动，连行政班和班主任都没有了，一个打电话、写信投诉的都没有，真是奇怪。"

小贴士

1. 学生出校门后依然表现得很有素质、很有教养，这种自律是教育者追求的效果。

2. 首届选课走班的年级，经历了班主任、班主任和导师共存的阶段。学生的表现大大缩短了过渡期。

3. 老师们担心的问题，在学生那里可能都不是事儿。

4. 不大张旗鼓地宣布取消班主任，而是找一个合适的契机，请学生现身说法。

11. 把教室变成最受学生欢迎的场所

窦文韬是十一学校的毕业生，2022 年 6 月从清华大学毕业后，他已确定回中学母校教政治。在学校实习时，有一天，他向王春易老师请教该怎样布置自己的学科教室。在这里读书时，他对一个场景印象深刻：一下课，文科班的学生像被施了魔法似的，纷纷从历史教室跑到王老师的生物教室，去看小仓鼠。

王春易对窦文韬说，如何布置学科教室，完全是个性化的，"你得想你的教室怎么能留住学生。要让孩子们愿意来，来了不愿意走，就想沉浸其中、享受过程，感觉这是一间充满哲理思辨色彩的人文学科教室，一看就和生物、地理、数学教室，甚至别的政治教室都不一样"。

王春易的生物学科教室刚建成时，里面除了桌椅、黑板、墙壁，什么也没有。她从家里抱了一盆富贵竹过来，以此为开端，模型、标本、挂图、实验仪器、图书等各种与生物学科有关的东西就渐渐进了教室。慢慢地，教室里有了40多种绿色植物，有了巴西龟、青蛙、小鱼等多种小动物，以及张贴在教室外面楼道里的23张"生命科学史上的重大发现""近十年来诺贝尔生理学或医学奖得主及其研究成果"的海报。王春易每天长时间地待在教室里"鼓捣着那些东西"，周末还带着丈夫和儿子在教室里干活，把桌面清理干净，把所有的花儿、叶子等擦洗一遍。

教室的改变也加快了王春易"从学科教学走向学科教育"的步伐。她将大量实验引进教室，并从 2010 年 9 月 26 日起开始了"单元整合"。课堂教学从过去的教师讲解为主，转变为学生自主阅读教材、实验探究、小组讨论、教师精讲与拓展等多种学习方式相结合。

2012 年，她和学生一起完成了近 30 个分组实验，品尝了自制的果酒、果醋和泡菜。这一年的高考结束后，一些毕业生又出现在生物教室里，有的翻看书柜里没有看完的书，有的探讨因高考暂时搁置的问题，有的就是来看看自己曾经照顾过的花草鱼虫。

也是在这一年，教室首次成为最受十一学生欢迎的十大校园场所之一。而在此前连续四年的调查统计中，前十名均不见教室的身影，在 2008 年更是在 20 名之外。学生不喜欢每天陪伴自己时间最长的教室，这可是个大问题。这个问题不解决，一所学校的课改再怎样得到官方和媒体的认可、推广，也很难说是成功的。

学科教室为教室翻了身，但最初它应该是什么样，王春易她们可是一头雾水。老师们提出的一些设想，如把教室"打成隔断"、划分多个功能区，应该设个拉门把教师办公区和学生隔开，应该 24 小时有人值班，等等，都被校长给否定了。他们一次次地听校长讲"慢慢悟"，又按照校长叮嘱的三个问题去思考和讨论：如何建设学科教室？在学科教室里怎么上课？在这种教室里上课与在普通教室里上课有什么区别？但直到去国外的中学考察后，王春易才真正看到了学科教室的样子，"就是一个学科博物馆，跟家一样，待在里面挺舒服"。学科教室特别实用，在其中还能看到师生们积累的痕迹，"每个东西背后都好像有一个富有感染力的故事"，"特别震撼"。她原本以为，要追上人家挺难的，"结果没想到我们这么快，就都做到位了"。

在学校的一次论坛上，语文特级教师闫存林利用幻灯片展示了一些教室的图片。以此说明，不管是现在还是 100 年前，不管是在乡村还是在城市，教室之间没有本质的区别，都是一排一排的座位，面对讲台。他问道："在这样的教室里，能否进行某个学科的阅读？能否就某一问题查阅相关的参考书？能否随时做实验？能否迅速进入真正的学科环境？能否集中看到学生们的学科作品？"答案基本都是否定的。而学科教室给了闫老师比较满意的答复。

"把旅客放到驾驶员的座位上"，在一篇文章中，十一学校时任校长这样来说明学科教室的价值。在教育资源方面，"让教师不仅做乘客，更让他们自己掌握方向盘，谁用谁管"。他认为，正是教育资源的配置和教育装备的改变，使"选课走班"和教学组织方式改革越走越健康，越走越顺畅。

王春易提醒她未来的同事窦文韬，要让学科教室有魅力，需要在如何吸引学生方面下功夫。事实上，十一学校的老师大都是这样做的，他们会在教室里用心地把学科特色和个人特点结合起来。就像数学老师张浩那样，为了拉近跟学生的关系，他通过团子 —— 一种减压的小抱枕来凸显自己的"人设"：一个不是那么严厉，有可爱细胞、容易接近的老师。

他第一次拿出团子，对一群初一的学生说："我的微信头像是个团子，我自己也比较喜欢团子，教室后面也有一个团子。大家没事的时候可以来我教室里找我聊天，或者单纯地来玩，就摸一摸团子也挺好的。"团子果然起到了很好的效果，一些活动的组织者也首选它作为奖品，还陆续有学生送来团子放在教室里。团子就渐渐多了起来，成了这间学科教室的一种象征。

小贴士

1. 如何布置学科教室，要先想想你的教室如何能留住学生，它和别的教室有何不同。

2. 学科教室要有家的舒适、学科博物馆的丰富与实用，以及师生们的故事。

3. 教室功能与定位的改变，加快了老师们从学科教学走向学科教育的步伐。

4. 重新配置教育资源和教育装备，让教师随用随管，使得选课走班和教学组织方式改革走得健康、顺畅。

5. 为拉近与学生的关系，有老师通过小抱枕来凸显自己的"人设"，并让它成为自己学科教室的象征。

12. 每年向学生承诺做好十件事

2021 年 12 月 31 日，十一学校一年一度的狂欢节，按照惯例，会揭晓学生期盼的 2022 年度"十事实办"。这十件事与学生的利益、诉求紧密相关。这一次没有让校长来宣布，而是把它们印制在长达十余米的紫色条幅上，分挂在操场看台两侧。这是一所学校向数千名学生做出的公开承诺，它考验和体现着学校说到做到，把学生放在第一位的决心和能力。

和往年一样，2022 年度的"十事实办"中，既有很快就能完成的项目，如"在北门增设学生自行车棚"；也有一旦开始就可能持续多年的任务，如"引进 5 位以上行业顶尖专家设立驻校工作室"：研究学生多元成长需求，在文学、科学、人文与社会、艺术、体育、技术、实践、创意等领域邀请行业领军人物，对有需求的学生提供高端引领，让师生离大师更近。再如"为学生学术研究项目提供支持"：成立学生学术研究指导委员会，建立健全学生学术研究项目的管理制度，借助校内外资源，为学生的学术研究项目提供经费、师资、资源性支持，提升学生的学术素养和问题解决能力。还有"设立校园丰收节"：学生参与管理和采摘，能分享校园内的果实，体验劳动的幸福。

自 2009 年以来，这所中学已经连续做出 13 次这样的承诺，意味着有 130 件事关学生利益的项目已经或即将得到落实。2019 年的"十事"当中，在校园内安装自动体外除颤仪，以便能及时拯救心脏病发作者，就是学生提议的。当时有明星猝死的消息传出，一些学生联想到自己的学习压力大，就有点儿害怕，觉得学校需要有这种急救设备。安装自动体外除颤仪，只是急救工作的开始，学生还组建了社团去普及有关的急救知识。学校也面向学生以及保卫处、宿舍管理、体育老师等相关岗位的教职工，组织了各种急救培训。

校团委书记柳荻介绍，每年 11 月开始，他们大概用两个月的时间，来征集和确定新的一年要办的十件事。学生反馈的各种问题和需求，学校各部门未来一年要创造性开展的重点工作，会成为项目的主要来源。2018 年的"十事实办"，排在首位的竟然是"建造十一树屋"。在这件事上，学生成为项目设计师、工程建造者和空间管理者，"让这里成为孕育梦想的地方"。这件事源于几位初中生的想法。学校博物馆东侧一棵枝繁叶茂的大树激活了他们的童年梦想，希望学校里能有一个树屋。如今，树屋成了十一学校一大特色景观，"内有一张矮桌，几个树墩坐凳，一根树干向上直穿地板和屋顶"。

不管这些创意来自学生还是老师，最终能否获得校务委员会的认可，取决于它们是否符合以下基本要求：第一，必须是学生密切关注且能满足实际需求的项目。第二，具有战略引领价值，符合未来教育发展趋势。第三，它应该是一件事情的根本改观，而不是需要满足的事物。第四，兼顾全体学生和个别学生、特别群体的需求。最后一点也至关重要：确保可以实施，其中至少有一项在元旦过后很短的时间里就能完成。校方解读说，快速地实现某项承诺，是向学生"示范说到做到"。

每年十件事，且要高标准，难度自然不小。回顾 2009 年以来的"十事实办"会发现，它也是学校转型的一个缩影。我们从中可以看到，随着学校变革的深入推进，围绕学生成长而产生的需求也变得更大胆、更具未来性、更富想象力。如后来深受十一师生喜爱、象征师生平等的"狂欢节"，首次出现在 2011 年的"十事实办"中。这一年，十一学校开启了影响深远的"选课走班"模式，此前被"圈养"的学生，其活力得以释放，主体身份得以确立，需要一场狂欢节来表达他们的心情和地位。2017 年的"建立一站式服务中心"，为的是方便学生、家长和校友等咨询和办理各种事务。经过几年的转型，此时，"服务型学校"的理念已深入人心，学生对学校服务的便捷、高效，也会有更高的期待。2019 年建造"弥漫式博物馆"，选择学生和校友纪念品在学校不同的空间展藏，"在各个角落留下学生和校友的回忆和足迹"，则与十一学子对母校的喜爱、眷念有关。

十一学校希望培养诚实守信的学生，校方必须率先垂范，获得学生信任。"十事实办"就是一块试金石。学校的校园媒体向来以敢于直面问题而著称，他们与校学生会权益部全程关注"十事实办"的进展、落实情况。学生成长服务中心也会不定期地利用海报、微信公众号公示项目的进展情况。

2021 年 8 月 28 日，开学前夕，学生成长服务中心的公众号就发出了题为《多个项目又有新进展，等你返校验收》的文章，言辞恳切地向学生汇报："上学期期末，学生公寓卫生间已经完成改造。今年暑期，总务处更换了高中楼一层到三层的卫生间隔断，对卫生间反味问题进行了处理，之后每年逐步更换老旧设备……"

每年 11 月，在开始征集新的创意前，校团委会组织本年度"十事实办"的评价工作，然后公示每一项的得分。2021 年"十事实办"中的

"增设室外运动场照明设施"得分较低，团委的老师们对此进行了调研，最后发现问题主要是灯光设施的管理制度不够友好、健全。他们通过线上问卷、与学生见面讨论等方式，制订了改进方案。

2019 年 12 月 29 日，在 2020 年度"十事实办"公布前两天，一位毕业生在他的公众号以"臭蛋和他的朋友们"之名发表文章《北京市十一学校 2020 年"十事不办"新鲜出炉》，其中位列首位的是"建设北京十一大学"，"北京十一联盟总校将成为全国乃至全世界首家从幼儿园到大学本科十九年一贯制学习联盟，在一个校园内'从学步车到开汽车将不是梦想'"。文章说，这十件事，学校不会办理落实，而是给学生提供一个睡觉时做美梦的素材。"十事实办"的影响以及十一学子对母校的热爱，由此可见一斑。

小贴士

1. 一年一度的狂欢节上，十一学校会揭晓下一年度的"十事实办"。

2. 学校承诺的十件事中，至少要有一件事能很快做成，以向学生"示范说到做到"。

3. 每年的"十事实办"是检验学校是否值得信任的试金石，也是学校转型的一个缩影。

4. "十事实办"的进展接受学生全程监督，事后由校团委组织人员进行评价。

5. "十事实办"的创意，要获得校务委员会的认可，需要符合五项基本要求。

第二辑
让每一位老师体面地生活

十一学校本部及盟校 2022 年全国校园招聘启事中，有这样两句话："你担心的我们都关心，为你解决后顾之忧，让每一位十一人都能体面地生活！""来吧，加入我们！改变世界，以教育的方式。"北京市海淀区教育科学研究院的一位老师，在微信朋友圈转发了这则招聘启事，并写道："这里是梦开始的地方。"

1. 让每一位老师体面地生活

2017 年的某一天，十一学校校长在校门口遇到一位接孩子回来的老师，便随口问她幼儿园一个月的学费是多少，"8000"。这让见多识广的校长很震惊。他没想到，为学生提供优质教育的学校老师，竟然需要为幼儿教育花费那么多钱。此事让校长又产生了一个为老师解决后顾之忧的想法。

当年暑假，在学校西北角毗邻运动场的地方，一个简易但功能齐全、理念先进的幼儿园出现了。它秉持这样的核心价值观：竭尽全力为处于特定敏感期的幼儿提供尝试的可能；安全感高于一切；能户外不室内。

"对一位校长或者教育管理者来说，关注学生，首先应该从关注教师开始。"十一学校认为，"一位教师，当他的家庭问题、待遇问题、被社会认可的问题等都不成问题时，他自然就会把所有精力都放在学生身上。"

有一段时间，十一学校倡导的是"工作上可以照顾，生活上不能照顾"，学校领导认为，发福利会腐蚀一个组织，"一个鸡蛋都不能发"。这一条在 2007 年后改了，变成了"生活上可以照顾，工作上不能照顾"。十一学校为老师更好地生活所做的各种努力，后来被提炼成学校的一条核心价值观："竭尽全力帮助教师，以方便教师竭尽全力帮助学生。"

在这所学校，不管是老师能想到的还是想不到的，学校似乎都能想到，并为他们做到。这里仅举几例。

每天接送和照看孩子，在时间和精力上，对青年教师都是不小的挑战。于是，学校组织了一支队伍，每天帮老师接送孩子，还请校内外的音乐、体育、美术老师为他们开设各种课程，提供高质量的陪伴和课外教育。

住房问题更事关一名教师的幸福感，极其重要。十一学校克服困难，为老师提供工作住房和补贴，不需要他们去寻找房源，与各种中介和房东"斗智斗勇"。老师一入职就有在北京安居的感觉，接下来的乐业就有了稳固的基石。

学校竟然还成立了交通救援队，帮助老师解决汽车抛锚、交通事故等闹心的问题。聂璐老师就享受过这样的服务。2020 年 6 月 24 日上午，她在清华大学玉泉医院做完产检后，发现汽车无法发动，于是拨通了学校救援队李晓飞老师的电话。10 分钟后，李老师就开车带着线缆出现在聂璐面前。他熟练地把两辆车的前盖打开，用线缆连接了两块电池，很快聂老师的车就发动了。

十一学校本部及盟校 2022 年全国校园招聘启事中，有这样两句话："你担心的我们都关心，为你解决后顾之忧，让每一位十一人都能体面地生活！""来吧，加入我们！改变世界，以教育的方式。"北京市海淀区教育科学研究院的一位老师，在微信朋友圈转发了这则招聘启事，并写道："这里是梦开始的地方。"

但要从众多应聘者中脱颖而出，去十一学校实现自己的教师梦，以竭尽全力帮助学生，可不是一件容易的事。罗寰宇 2013 年从中国人民大学毕业后，成为学校的语文教师。据这位爱好摄影，自称每日坚持游泳

1000 米的人力资源部主任介绍，招聘的把关者们会将师生关系作为至关重要的衡量标准，以确保能选择那些真心喜欢学生的人做老师。在试讲环节，一定会有学生坐在教室里听课，他们对应聘者的评价真能影响试讲者的去留。

而"无领导小组讨论"环节对应聘者也是一大挑战。他们需要围绕教育教学中的情境和问题展开讨论。这些题目一般来源于学校各个年级资深的教育顾问，是他们实际遇到过的两难问题。有一年，应聘者面对的话题是"校园行为的象限分析"。他们要通过小组讨论，把"学生在校园中用滑板、平衡车等工具代步""学生在课堂上看其他学科的书""教师让优秀学生批改全班作业""教师向其他同事分享经验"等 10 个行为分别贴到四个象限中（四个象限分别为：利己利人、损己利人、损人利己、损人损己），然后挑选组员陈述理由。

无领导小组讨论的那些问题大都没有标准答案，甚至没有鲜明的对与错。在一旁观察的面试官 —— 他们都是学校年级管理经验丰富的老师，有一条重要的判断原则：看那些应聘者能不能从学生的角度出发，设身处地从帮助学生成长的维度思考问题。在这个过程中，一些原本表现出色的年轻人可能会暴露出致命的问题，比如以自己为中心，怕学生给自己添麻烦，等等。

罗寰宇说，这些问题往往会破坏老师与学生的关系，让学生对老师产生畏惧、厌烦的心理。同样，在面试中直面真实的教育教学问题，也有助于那些大学毕业生进一步感知他们今后将要从事的具体工作，并判断自己是否真的会把学生放在心上，是否适合做教师。

小贴士

1. 对教师，生活上可以照顾，工作上不能照顾。

2. 校长关注学生，应从关注教师开始。竭尽全力帮助教师，以方便教师竭尽全力帮助学生。

3. 招聘教师时，师生关系是重要的判断标准。

4. 无领导小组讨论的问题，来自教育中的两难问题，主要考察应聘者的学生观。

2. 学生，是激励教师最有效的主体

在十一学校体育馆北侧的主干道上，立着一排玻璃橱窗。橱窗里常有新的内容出现，唯有一个栏目经年累月，从不缺席，始终潜移默化地影响着师生。它穿越时空，连接过去、现在和未来，彰显了一所学校对教师职业的价值判断。

这个栏目叫《十一学子和他的老师》，已设立近9年，展出近百期。它用朴实的文字和怀旧的照片，把毕业生与老师们联系在一起，让学生的成就成为老师们的骄傲。

2020年第9期的《十一学子和他的老师》，介绍的是1997届毕业生田园，现为中国人民大学外国语学院教师。与其说这是对优秀毕业生的推荐，倒不如说是毕业生对良师的感恩与赞美。虽然少不了对毕业生成就的介绍，但激励在校学生显然不是这个栏目的主要目的。因为更大的篇幅是在"表扬"老师，它让我们感受到，一位好老师带给学生的影响是多么具体而深远。

田园在母校期间，遇到了很多负责任的老师，她一一点名"表扬"。对她影响最大的，是英语老师薛如梅，"在她的教导下，自己深深地爱上了英语，透过英语探索不同国家、不同地域的文化特点"。初中的班主任郭铁良老师，善于总结写作经验和理论，出了两本作文书，把学生的优秀作文收录其中，"学生看到自己的习作变成了铅字，都燃起了对语文学习的热情"。高一、高二的语文老师闫存林，引入学生课前报告的教学方式，让学生分享看过的好书，他认真点评，"在潜移默化中，培养出学生的批判思维能力"。高三班主任贺千红老师，在关键的一年里，教会了学生历史事件分析的方法，也鼓励学生在紧张的学习生活中保持积极、乐观的精神。

老师们也在栏目中谈到了田园同学的过去与现在。如闫存林老师，看到田园同学的微笑，便努力从记忆中拾取她十七八岁的样子，"一个爱唱歌的姑娘变成了大学老师，教书育人，继续老师的道路，并且也桃李满天下。想想便觉得幸福"。田园的回忆与闫老师的感触，恰恰契合了十一学校对教师的职业定位：在学生未来对社会的贡献里发现自己的人生价值，在学生今日之爱戴与未来的回忆中，寻找富有乐趣的教育人生。

一位老师回忆自己的学生，"想想便觉得幸福"，教师的价值与成就感便在这简单的 7 个字当中。不可轻视这种回忆之于教师的重要意义。有一次，《十一学子和他的老师》栏目要介绍一位优秀校友，需要采访几位任课教师谈谈对这名毕业生的印象。一位老师打通了音乐教师郑淑杰的电话，原本以为只是一次简短的采访，没想到退休的郑老师谈起那位已经毕业 20 多年的学生，20 多分钟滔滔不绝，"话语里都是幸福、骄傲与自豪"。

美国传奇篮球教练约翰·伍登（John Wooden）曾做过中学教师，有一次他和朋友回到校园，问一位女教师"你为什么要当老师"，她想了想后，给了一段令约翰·伍登难以忘怀的回答：

> 在我的教室里坐着一个未来的政治家，他坚强、聪明、不偏不倚、口才极好；旁边坐着一个未来的医生，他敏捷而稳健的双手可

以修复骨折，或者引导生命之血的流淌；那边还有一个未来的建筑工人，在他的手中，教堂的拱顶将徐徐升起；还有一个未来的牧师，将来会致力于诠释上帝的信条。我的课堂就是一个政治家、医生、建筑工人、牧师的大聚会，是他们辛勤的工作指引我们走向更加美好的明天。虽然，我也许看不到教堂的落成，听不到他们宣讲的知识，吃不到他们栽培的食物，但我至少可以自豪地宣称，我曾经认识他们，那时候，他们还是孩子，他们或弱小或强壮或果断或骄傲。试问，地球上还有哪个职业，能让我坐拥一室未来的青年领袖？

这是我见过的关于教师职业定位最准确、最动人的表达，它从学生未来的成就看教师当下的价值，与十一学校的见解不谋而合。不论中美，绝大多数教师都将度过其平平淡淡、波澜不惊的职场生涯，回首往事时，他们最值得骄傲和自豪的就是他们的学生，在"他们或弱小或强壮或果断或骄傲"的孩提时代，教师曾陪伴和影响过他们。因此，十一学校把教师最在乎的对象——学生，视为"最方便、最直接也最有效的激励老师的主体"，不仅鼓励并及时发现在校生对老师的认可，更是放眼校外，追踪、梳理校友们的业绩，将他们与任课老师联系起来，让老师们感受到自身价值。

学校会将校友们的探访活动汇集成册，赠送给相关老师珍藏。有些校友成就突出，学校或邀请其回母校作报告，或派代表前往祝贺，或发贺信、喜报，其中不能缺少的是他们当年的任课老师。很多普通校友回校看望老师时，学校只要获知消息，就会抓住机会拍照、录像，记录师生相聚的融洽场景，在校内媒体传播。

从通常的评价来看，身为特级教师和正高级教师，王笃年已经达到了教师职业的巅峰，尽管他认为做老师并不是自己最理想的职业，也曾有多次跳槽离开的机会。如今面临退休，他常常回头想：当初做老师，是不是合理的选择？他觉得自己没有吃亏，"选择没什么错"。老师每天面对的是活蹦乱跳、笑容洋溢的青少年，老师的幸福感、对社会的价值主要体现在学生身上，"即使我退休了，他们时不时分享自己的成就，我会感到很幸福"。

小贴士

1. 十一学校对教师的职业定位：在学生对未来的贡献里发现自己的人生价值，在学生今日之爱戴与未来的回忆中，寻找富有乐趣的教育人生。

2. 持续开设《十一学子和他的老师》栏目，用毕业生的成就和感恩激励老师。

3. 让老师们在与毕业生、在校生的连接中，感受自身价值。

4. 无论校友取得多大的成就，都可以记录、传播他们和老师的深厚情谊。

3. 像放大镜那样展示老师的闪光点

十一学校善于创造各种机会，运用多种方式，发现并展示每个人的闪光点，其中突出的做法是每月推出的"青年才俊""月度人物"与"教师论语"。入选者的事迹会与他们的照片一起，被制作成精美的大幅海报，张贴在初中楼、高中楼、艺术楼、食堂等7个人流集中的地方，引无数师生驻足。

这三种荣誉的入选者，主要靠基层推荐，不需要经过专门的评选，也没有硬性规定每月推荐几个。学校工会的司琳娜老师，每月21日左右，会在工会组长群里提醒大家"该申报了"。各年级、学部、学科的推荐名单汇总后，工会一般会请工会主席或者校长把把关。"青年才俊"主要推荐在学校工作一年以上，取得一定成绩且年龄在35岁以下的年轻教师。"月度人物"主要推荐当月有突出事迹的教师，如开学季推出过开学典礼的策划人，竞赛季则有特别厉害的竞赛指导教师入选。

"教师论语"会选择教师原创的一句话，配上教师本人和学生的解读，入选要求是对学生有启发，最好能有耐人寻味的教育故事。如袁丽杰老师的"涓流脉脉可至沧溟，拳石垒垒终成泰华"，这是初一知行区启动"坚持21天，我能行"活动时，她用来鼓励学生坚持一种好习惯的话。袁老师在解读中说：每天花10分钟进行阅读，坚持下来一年可达到十万多字的阅读量；每天花一些时间经营自己的公众号，热爱与坚持就变成人气满满的"在看"；每天坚持找老师面批数学题，不知不觉间就成了"效率达人"；每天2分钟的平板支撑，坚持下来却能成就羡煞旁人的马甲线……还有6位同学在袁老师的"教师论语"中分享了各自坚持摘抄英语短句、背古诗、练书法的小故事。

没有颁奖仪式，没有获奖证书，当然更没有物质奖励，但老师们却很看重这种荣誉。它们代表着每天朝夕相处的同事们的认可，这甚至比领导的嘉奖更能鼓舞人心。2021年9月，高一学部英语教师、学生导师，并负责年级学生自主管理学院工作的房一品接到通知当选"青年才俊"时，她感到"惊吓、意外，又有些开心"。在高一学部教师群里，有老师转发了这条动态，许多同事发了竖大拇指和玫瑰花的表情向她表示祝贺。学生们看到老师的海报，比海报上的人还兴奋："老师，我看到了你的海报！""老师，海报好好看呀！"

海报上的房一品老师长发披肩、笑靥如花。"在教学之余，她坚持听课和反思，用心征求前辈教师的意见，不断改进，逐渐形成自己的教学风格。她在2020年北京市高中英语'从教到学'研讨活动中做研究课，获得良好反馈""作为导师，她相信每位学生都有充满可能性的未来，要保护学生内心的小火苗。茶话会式的班会畅谈、细水长流的关怀陪伴，她通过各种方式关注学生的学业发展和心理状态，做学生成长路上的守护人"……这些有观点、有证据的评价出现在海报中，为更多师生所见。

这位2019年7月入职的年轻教师，此前会通过这些海报去了解一些同事，并从中受到激励。这一次，轮到她去激励别人了。房一品在感到欣喜的同时，开始反思自己的工作有哪些不足。"我做得有这么好吗？"她问自己。在房老师眼里，这种非正式表扬比一些正式奖项分量更重。

"它在肯定我的同时，更会让我反思自己是否值得。"她说，海报会在全校公开张贴一个月，不像证书一旦拿到就被压在箱底了，"这不仅是荣誉，更是对青年教师的期望和鞭策。"

"月度人物"王红云老师也谈到了她的看法。"这种非正式表扬，通过海报等形式把你平时做的一些小事像拿着放大镜一样放大了，还广而告之，让更多的人了解你的工作状态、工作表现，认可你。这是一件令人高兴的事。"她说，"不仅学生需要赏识，老师也需要赏识，赏识本身就能起到促进作用。"

"月度人物"海报对这位初三英语教研组组长给予了高度评价，海报中写道："她的赏识教育不但带来了融洽的师生关系，也能够帮助学生发现自己的点滴进步，在潜移默化中培养学生积极乐观的处世态度。"

拿这样的"放大镜"去激励教师，并不需要花什么钱，但需要管理者用心，以及发自内心地尊重每一位老师。

小贴士

1. 老师也需要被赏识。应创造各种机会，运用多种方式，发现并展示每位老师的闪光点。

2. 每月推出的"青年才俊""月度人物""教师论语"，没有颁奖仪式、获奖证书，也没有物质奖励，但老师们很看重这种"非正式表扬"。

3. 用凝练的语言讲述老师们的故事，在学校人员聚集的几个地方，展示他们的精美海报。

4. 传递赞美的力量

 曹书德来北京工作前，是湖北省的特级教师。有一次，他老家的同事在某次会议上遇到十一学校校长，问起曹书德。"那个曹老师，他是天生做老师的人。"校长对他说。后来，老同事与曹书德聊起此事，感叹"这个评价太高了"。这简简单单的一句话，也让曹老师满心欢喜，觉得"校长非常尊重我，我真的特别适合做老师"。

 还有一次，一位熟人对曹书德说："你能调到十一学校来，真幸运。"一旁的校长听到这句话，马上把话接了过去："这话应该这么说：曹老师调到十一学校是学生的幸运。"曹书德认为，这不仅是校长对他的赞美，更是对他的信赖与期待。如果说是曹书德的幸运，"我会觉得工作是我个人的事情"，而说是学生的幸运，"我就要想，我到底能给学生怎样的一种教育，学生可以从我这里得到什么。"

 后来发生的两件小事，让曹书德感觉"自己一直被校长关注着，对我是这样，对其他老师肯定也一样"。2016年，他出版专著《走下讲台做教师》，一年多后，有一次校长遇见他时说："你那本书又重印了，销量很好啊！"2019年，曹老师在海淀区教育科学研究院的一个课题会上发言后，第二天遇见了校长，又得到了他的赞美："昨天你的发言很精彩。"这让曹书德暗暗吃了一惊，没想到校长这么快就知道了他发言的事。

这几件小事让曹书德感觉自己得到了尊重与激励，他相信校长所言是真诚的。"就这些赞美而言，我知道我还有很大差距，但我可以朝这个方向努力。"这位年过五十，已经颇有成就的特级教师认为，这种真诚的赞美会在学校中逐渐形成催人进取的文化，让被赞美者始终感觉"有一股力量在推着你往前走"。

他本人受这种氛围的感染，也成了赞美的传递者。看到有学生在作文中赞美老师，曹书德不但会转给相关老师，而且会在征得同意后把文章打印、张贴出来。最初这样做的时候，曹老师还比较含蓄、拘谨，以为赞美他人是领导者的任务，但后来他改变了这个看法，"赞美应该生活化，同事之间也要形成传递赞美的风气"。

推崇赞美文化，正是十一学校的一大特点，学校倡导拿放大镜去看他人的亮点。在学校的主干道旁，靠近图书馆的地方，立着一块巨石，上面刻有三个大大的红字："赞美你。"在石头的西侧，还有一棵郁郁葱葱的"赞美树"。2012 年 4 月 10 日下午，时任美国驻华大使骆家辉先生和他的夫人李蒙女士访问十一学校。他们向师生解读了《赞美你：奥巴马给女儿的信》一书背后的故事，一起分享了"赞美孩子"的心得与力量。会后，骆家辉大使和十一师生栽下了这棵后来被誉为"赞美树"的橡树。

"我认为我所拥有的最大的资源，就是能激发人们的热情和潜能，我用赞美和鼓励，让每个人的潜能得以充分发挥。"在《人性的弱点》中，卡耐基（Dale Carnegie）引用这句话来强调赞美的力量。

在十一学校，尽可能多地捕捉、运用赞美的机会，已经成为众多管理者的习惯。在年级主任李红玉看来，赞美不是她的一种策略，而是发自内心的行为。"我赞美老师们，是真的因为他们非常靠谱，比我强。"李红玉说，老师不会依靠赞美去工作，但这种赞美传递给老师后，他们会心情愉悦，之后会把愉悦感传递给学生。

用心赞美教师在十一学校成了常态，以至于那些做法看起来是那样自然而然：学校每学期的评教活动，"学生都会在问卷上写下许多滚烫的话语赞美老师"，学校便将其汇集起来，印在送给老师们的贺卡上，或者镌刻在给老师们制作的笔筒上。定期展出的优秀校友风采录，在彰显校友的优秀时，一定会有科任老师的身影。每年的迎新酒会上，学校也会为每一位新加盟的老师总结一句赞美、肯定的话语，在酒会高潮时宣读。退休的老师也会收到一本专门为他们制作的纪念册，其中记载着他们在校期间闪亮的足迹。

由于某种原因辞职或落聘的教职员工，学校同样会为他们奉上汇集的各种亮点记录。这或许会勾起他们的美好回忆，让离开时的心情变得不一样。

小贴士

1. 尽可能多地捕捉赞美的机会、运用赞美的力量，应成为管理者的习惯。

2. 用赞美和鼓励，让每个人的潜能得以充分发挥。

3. 赞美应该生活化，要用放大镜去看他人的亮点。

4. 老师会把得到真诚赞美后的愉悦感传递给学生。

5. 双向选聘，告别一劳永逸者

十一学校曾经从外地引进一位特级教师，此人擅长教学研究，荣誉、著作等身，但进京后，其表现让人大跌眼镜。他上课会迟到，偶尔连时间都忘了，可见上课这件对老师而言天大的事，在他眼里并不是多么重要。他还缺乏为人师者应有的善良、宽容和耐心。一些学生反应较慢，他表现得不耐烦；有的学生进步较慢，他竟然会破口大骂，说一些伤害学生、粗暴否定学生发展潜能的话。

作为团队的一员，此人也不受欢迎，因为他缺乏起码的合作与奉献精神。对集体教研，他不重视，经常请假。不愿意承担教研任务，也不愿意与同事们合作。

结果，这名常人眼中的优秀教师，在十一学校一年一度的双向选聘中落聘了，没有年级欢迎他。像他这样落聘的特级教师在十一学校还出现过几位。他们的遭遇表明，一位教师如果不把心思花在学生身上，不注重学生的成长，即使专业水平再高，名气再大，荣誉再多，在十一学校也是无法生存的。在这所中学，"教师的业绩，表现在学生身上的成长"。

双向选聘是发生在年级等各部门负责人和教职员工之间的双向选择。它并不是一个新生事物，早在 20 多年前，李希贵在山东高密四中任校长时，就已推行过。十一学校在 2010 年开始实行这一举措时，就吸取了当年在高密四中的经验教训。比如，在校内设立人才交流中心，为落聘人员提供一个过渡性的去处。十一学校的盟校克拉玛依一中首次推行双向选聘时，一位英语教师落聘，成了高二学部的教务员，她用尽职尽责的行动改变了别人看待她的眼光。"我可能不是一个好老师，但我可以做最好的教务员。"她说。

教书育人，本是高难度的智力劳动，这种工作不好量化。但有的学校采用打卡、查教案、打分等方式，对教师进行优劣高低排位，使得一些老师斤斤计较，敷衍应付，甚至弄虚作假，职业尊严和价值感严重受损。十一学校化繁为简，己所不欲，勿施于人，让"选聘就是最大的评价"成为全体教职员工的共识。"我需要你""我很乐意与你合作"，这可能是对一个人的价值的高度评价了。

"作为年级主任，我愿意选聘你是对你的认可，你愿意来我的年级则是对我的认可。"于振丽说。于老师曾做过多年年级主任。选聘前，她会详细了解每一位教师，认真不认真，水平高不高，是不是爱学生，是不是愿意为学生付出很多。优秀的老师会成为各个年级争抢的对象，手握选择权，他们"非常有价值感"。

十一学校的选聘依据校内职称进行。从基础二级开始到骨干一级，再到学术（教学）带头人一级，一共八级。此外，还增设了三个荣誉职级：校内特级二级、特级一级（均与是否为特级教师无关）和资深教师。每一个职级对应相应的薪酬。双向选聘一般先从高三学部开始，但只能得到一定的倾斜，可以选聘的优秀教师数量也受到限制。学校为每一个团队规定了骨干教师的选聘数量，以避免各团队优秀人才数量不均衡。

而身为年级主任，于振丽平素的一言一行也会被老师们看在眼里、记在心中，成为双向选聘时的判断依据：她是否能公平公正地对待每一位老师，是否愿意为大家提供、创造发展的机会与平台，是不是一位与人为善的管理者？在于振丽看来，如果年级主任总是以自我为中心，最后就会成为"孤家寡人"。她也不能只选聘与自己关系好的老师，"必须以保障教育教学质量为首要考虑因素"。

年级主任这个关键人物产生在双向选聘前，由校长先行选聘，经由党组织把关、校务委员会讨论，综合多方意见后产生。

双向选聘制能够有效化解学校众多棘手的难题，让教师的职业尊严得到维护，教师的潜能和价值得以激发和体现。它一年一聘，破除了吃"大锅饭"的平均主义，激活了人员的内部流动，让教师的持续学习、自我诊断与反省成为现实。在十一学校，没有一劳永逸者，即便是特级教师、正高级教师，也要接受双向选聘的检验。

小贴士

1. 教师的业绩，表现在学生身上的成长。老师如果不把心思花在学生身上，名气再大也不受欢迎。

2. 用打卡、查教案、打分等方式管理教师，弊大于利。

3. 应让"选聘就是最大的评价"成为全体教职员工的共识。

4. 校内选聘依据校内职称进行。

5. 为每一个团队规定骨干教师的选聘数量，以避免优秀人才过于集中在某个团队。

6. 评价团队：大家好才是真的好

导师之外，曹书德老师还有一个身份：2019 届高三年级语文备课组组长。备课组一共有 10 人，有的从教才 3 年，有的已临近退休，年龄差距可说是两代人了。要让这些年龄、风格、脾气迥异的老师，不只是在一起工作，还能成为一个共享共赢的团队，依赖于学校一个特别重要的设计：不评价个体教师的教学业绩，而是评价团队。也就是说，通过共同目标、共同利益把这些擅长单兵作战的老师团结起来。

一般来说，学校常见的做法，是评价教师个人，把他的带班成绩和别的班级进行比较，排出顺序来。很多校长迷信竞争的力量，或者说他们更习惯这样做。殊不知，在学校这样的知识型组织里，竞争会妨碍知识的流动与共享，从而让教师变得封闭起来。而知识的分享，对教师和组织的成长都至关重要。在十一学校看来，教师这一职业需要个体智慧，同时又特别需要传承前辈经验、借鉴同伴成果。"同在一个学科，并非以学科集体的业绩为依据评价团队，而是在一个学科内部区分优劣，这样的评价方式势必将他们拆分得七零八落。"

曹书德在湖北任教时做过教研组长，那时候他的首要目标是"确保我教的班成绩比别的班好"。这样他就踏实了，学校领导也会夸他这个教研组长当得好，带的班成绩最好，这意味着起到了示范、带头作用。

在十一学校，曹书德领衔的备课组的 10 位老师，几乎个个都有自己擅长的领域和教学特色。比如，王向红老师擅长激发薄弱生的内动力；霍轶老师擅长以理科思维教语文，刘克勇老师常在课堂上引经据典，提供的学习资源特别丰富；罗寰宇老师个别化诊断、指导精准，提升效果突出。而语文教学包括的议论文写作、记叙文写作、诗歌鉴赏、现代文与文言文阅读等，不同的老师又有各自的专长。这要是在传统的学校里，各有所长的这些老师们，受限于种种有形无形的障碍，难以成为彼此可以看得更远的"肩膀"，也无法形成合力，让更多的学生受益。

而在十一学校这个备课组，"共享"是关键词之一。老师们会大大方方地推荐自己教的学生去找某位老师请教议论文写作，一点儿也不用担心学生会怀疑自己的教学水平。那些术业有专攻的语文老师，有的干脆在学科教室门口挂一个小牌子，广而告之自己擅长指导什么，以吸引别班学生走进来咨询、请教，而全然不用顾忌是哪位任课老师的学生。

每次检测过后，备课组的老师们会坐在一起讨论学生的语文学习和整体发展的匹配度，然后针对他们的实际情况做个别化的援助。每位语文老师发挥自己所长，承担起相应的工作，并针对一些学生存在的薄弱之处开设专题讲座和辅导。一个专题一般在 3 节课左右，全年级学生可以根据自己的问题和需求自由选择。

曹书德说，这有助于每位老师对一个板块、一个领域进行深度钻研。每位老师取得的成果形成合力，让整个年级的学生来享受，学生的收获是巨大的。

值得一提的还有，备课组的老师们会共同申报学校的研究项目。他们很乐意把在日常教学中遇到的真实问题，转化成项目去研究、去改进。比如，有些学生理科成绩非常好，可能还是数理化竞赛的种子选手，但语文成绩却很一般，应该如何促进他们的语文学习？一些学生尽管语文总体不错，但作文水平却不够理想，怎样指导他们写出优秀的作文？

"如果我们不评价团队，而评价个人，老师之间就是一种竞争关系，那后果往往就会很严重。容易带来不愉快。"曹书德说。你的班级平均分比我的班级少了0.2分，这其实说明不了什么问题，但排名靠后者就可能失去成就感，心生郁闷。竞争关系还会导致教师之间彼此提防、各自为营。比如命题，在十一学校所有学科教师会一起反复讨论、打磨，以便能准确地检测学生的学习状况。"如果评价个人，所有老师就不可能一起讨论，最好的方式是背对背命题，因为只有这样才'公平'。"

小贴士

1. 应通过共同目标和共同利益，把一群人变成一个团队。

2. 教师职业需要借鉴群体智慧。只评价教师个人，会妨碍知识在学校内部的流动与共享。

3. 共享文化有助于每位老师发挥优势，在各自擅长的领域里深度钻研。老师们的成果形成合力，可让全年级师生受益。

7. 像常规体检那样做教师诊断

在十一学校的教育教学诊断中，有一项指标叫"我觉得老师风趣、幽默"。一位东北籍的博士教师认为自带幽默基因，对这一条的得分自信满满，谁知结果却出人意料，偏偏这一点得分最低，只有84分，还低于年级平均分。

这位新入职的青年教师最初很难接受这个刺眼的数字，她说自己一贯在课堂上注重活跃气氛，课下对学生也很亲切，为什么大家还觉得她不够风趣、幽默呢？带着不解，她开始了"民意调研"，几位和她关系较好的学生直言不讳，说她给人的第一印象是"高冷"。见老师一副震惊的模样，他们连忙"安慰"起她来："和你相处久了，会发现你其实是外冷内热的好老师。"在反思自己的成长经历后，她认同了学生的"错觉"。

她没有把得分低的原因归结为"他们是高一新生，和自己相处还不够多"，而是决定改进自己的形象。她走进一些同事的课堂，向他们学习活跃课堂氛围的技巧。她发现有的老师在课堂上讲一个不经意的笑话，一个看似跑题的故事，实际上都是用心安排的。这些小插曲能逗乐学生，让他们的大脑得到短暂放松，他们在随后的学习中就更能集中注意力。有的老师把幽默的语言融入整个课堂，讲解专业知识形象生动，让学生忍俊不禁。有的老师深入学生群体，用他们流行的语言讲课，既让人容易理解，又能拉近和学生的距离。

博士毕业后，选择做老师，正是因为她喜欢教师这个职业，"喜欢和孩子们在一起的感觉"，于是，她便创造各种机会与学生多接触。回到家，还对着镜子练习笑容，结果发现自己不是不会笑，"而是不习惯把内心的情绪表达在脸上"，她提醒自己要发自内心地在学生面前流露笑容。

经过半个学期的学习、改进，她得到了不少正面反馈，还有重新分班的新同学悄悄对她说："以前听说您特别严肃，现在接触起来不是这样的呀！"她也深切体会到，让学生在快乐中学习，是一门技术，更是一种境界。在接下来的教育教学诊断中，她在"风趣、幽默"上得了98分，远超年级平均分。

你可以说这位老师是迫于某种压力开始了自省与改进，但这种压力可不是来自校方或她的上级，而是来自她对学生认可的看重以及某种自我期许。这样的压力有益无害，会转化成进步的动力。

十一学校的教育教学诊断，不是要把老师们分成三六九等，也不与评优、绩效工资等高利害的东西挂钩。如诊断报告导读中讲的，它就像一次常规体检，是为了让每位教师能够基于数据和证据进行教学上的调整和改进。"学校不会拿诊断数据去评价老师、评价学科、评价年级"，这样的定位避免了诊断的异化。

诊断结果能让老师从一个不同的、自己看不到的视角来"看见"自己。很多人以为，这种诊断应该是问题导向，恰恰相反，十一学校的诊断引导学生从正面、积极的角度，围绕全人教育、个别化教育、课堂效果、学习效果、学科素养、受学生喜爱程度等10个方面评价教师。比如，"老师能够支持和促进我自主学习""老师对我比较了解，能觉察到我的状态，适时关心和帮助我""我在老师心目中有较重要的位置""老师能够提供适合我的学习资源和方法""老师能够有效地激发我主动思考、解决学习中的问题""老师能让我清晰地知道每个单元或每节课的学习目标",等等。可以说,这些诊断项结合起来,就定义了理想中的十一学校教师群像。

这所学校的管理者相信,天天致力于发现闪光点的管理,会使组织里的亮点更显光彩。而给学生不良的暗示 —— 让他们天天盯着老师的脚后跟,养成乐于寻找别人毛病的习惯,"不是我们的教育诉求"。

这些诊断指标不会一成不变。"一直在修改,和学校转型直接相关。"学校诊断与评价中心的纪天容老师说。评价什么就会得到什么。刚开始选课走班,取消行政班班主任的阶段,学校非常注重教师的转型和师生关系,就增加了风趣幽默、关注学生自我规划能力提升等选项。也有一些老师会走偏,为了幽默而幽默,后来这一项经过修订变成了:"老师风趣幽默,让我愉快而有收获。"

"我在老师心目中有较重要的位置",这一点在老师当中的争议比较大,许多老师的得分也相对较低。有人分析,学生可能不好意思,或不够自信,或与其他同学相比,觉得自己在老师心目中的位置并不重要,从而给老师打出了不够理想的分数。但诊断中心还是坚持要有这一项,因为这是师生关系的重要体现,也是为了引导老师更加关注学生。多语种学科教研组针对这一条,总结出了有效的几招:记名字 —— 尽一切办法,在 10 节课以内,记住所有教学班里所有学生的名字(有 100 人);面谈 —— 要求教师在第一个学段期中之前,跟所有学生每人至少面谈一次。

诊断报告有限开放,就像体检报告,既保护人的隐私,又能提供有益的建议和指导。年级主任、学科主任和教研组长能看到相应管理范围内每位教师的诊断数据,普通老师只能看到自己的。当有教师的诊断结果不理想，或数据出现明显下滑时，学科主任会适时进行个别化沟通和帮扶。而表现全优者，会有机会被邀请在日常教研中分享"小妙招"。

学校希望老师能以一颗平常心，带着相信诊断、不唯诊断的态度看待结果，分析、利用诊断数据。不过，有的青年教师面对自己的诊断报告，会有点儿紧张，"想看又害怕看到"；而有的老师在诊断中收到很多学生的留言，"会激动得发朋友圈"。

小贴士

1. 诊断指标不会一成不变，会随着学校转型被修改。

2. 教育教学诊断不与评优、绩效工资等利益挂钩，而是引导老师基于数据和证据进行改进。

3. 诊断不是问题导向的，而是从积极、正面的角度，对老师的具体行为做出评价。

4. 诊断报告让老师从不同的视角看自己，就像体检报告那样，有限开放，兼顾隐私与建议、指导。

8. 在工作中研究，在研究中工作

2017 年的一天，十一学校课程研究院负责人刘伟去北京一所中学参观，与那里的青年教师聊教学，谈项目研究。这些教师说得头头是道，表现出了很强的课程意识。这让毕业于北京大学中文系的刘伟博士很感慨：十一学校的青年教师们在学历和能力上，一点儿也不逊色，但有些老师在课程研究方面却总是进步不大，这是为什么呢？

分析原因，学校的青年教师重点关注教学，项目研究参与度相对不够，青年教师常常只是作为老教师团队中的一员，或碍于情面，或因保持谦虚，不好意思独立提出项目申请。这会影响他们进步。于是，刘伟向校长提出，应搭建青年教师项目研究平台。几年来，众多青年教师因此崭露头角，在"从教到学"等探索中大放异彩。

十一学校的项目研究始于 2008 年，由时任校长提出，他希望借鉴企业技术革新研究策略，针对教育教学中的痛点开展项目研究，让项目研究成为学校教育科研的重要方式。为此，他还派了几位老师去山东省潍坊市的一家企业学习项目管理。

十一学校层出不穷的项目研究，大体能分为三类：理清思路类、行动改变类和调查研究类。比如，小学段如何规划和实施，学生、老师分别做什么；咨询师、教育顾问如何设置，主要工作范围是什么；学科必修内容与选修内容整合如何进行；等等。自2007年10月以来，十一学校进行了一系列"惊天动地的变革"，学校每天都是新的，包括各种问题的出现，这为项目研究提供了天然的土壤和丰富的素材。

2019年接任十一学校校长的田俊，2020年在《未来教育家》杂志的一次访谈中谈到，围绕学生的发展而推进的育人模式变革，一定会打破过去很多我们习以为常的思路和做法。在破旧立新的过程中，必然会不断面临各种问题。"项目研究已经成为我们老师的一种思维方式，遇到问题，首先组建一个项目组，寻求解决问题的方案，并在实践中不断完善，而不是简单地退回到原来的路上去。"田俊说，"这也是十一学校的变革之所以能够坚持下来，并不断深入的一个重要原因。"

学校推行基于标准的学习，从教到学，带来了新挑战、新问题，"基于标准的单元情境任务的设计、实施与评估的研究——以《有理数》《轴对称》学习单元为例"，这个项目研究的成员通过头脑风暴，对面临的问题进行了排序：1. 单元核心概念、核心问题理解不到位；2. 不知道如何制定出清晰、高效、适切的学习目标；3. 单元情境任务的设计和学习目标不匹配；4. 不会设计恰当、操作性强的量规。然后，他们从"教师、学生、机制、环境、设备设施"等角度，对这些问题分别进行鱼骨图分析，寻找问题背后的原因。接下来，在实践中探索解决方法。自2018年6月起，项目组的老师在持续近两年的行动式研究中收获颇丰，"所有成员对如何设计核心问题、设计量规及表现性任务都有了深入的理解""形成了对学习目标的明确认识，总结出了学习目标的主要特征""摸索出课程标准转化为学习目标的路径和策略"，等等。更重要的是，研究的成效在学生那里得到了验证。

在工作中研究，在研究中工作，这是学校期待的教师状态。项目研究被赋予重要意义：成为探索、推进、解决教育教学中的问题的重要方法。它要从教育教学中来，回到教育教学中去。用刘伟的话说，项目研究的课题来源要做到三个"面向"：面向学生，在与学生的相处中找问题；面向教学实践，在具体的实践中找问题；面向未来，思考教育教学的发展趋势，从差距中找问题。这显然不同于很多学校都在做的课题研究，后者常常导致论文泛滥，但很难有效解决实质性的教育问题。

十一学校的项目研究，一般需要在一年内结题，并形成可推广的成果。如果我们亲历一个项目的全过程，会发现它的设计较好兼顾了对教师内外动力的激发。

首先，在每学期初，老师自愿申请项目。项目凭借教师的自我驱动力而启动，并强调基于研究者的"实际问题、真实问题、自己的问题、能解决的问题"。

其次，在研究者和校长之间建立起了连接，恰当地发挥校长的影响力，赋予项目重要地位。项目研究由学校学术委员会、课程与教学研究院组织，聘请第三方专家进行评审。校长的关注也可以为老师提供激励。

第三，项目研究成为教师连接资源、解决问题的平台。项目研究者可以连接校内对此问题感兴趣的老师，组建自己的团队，还可以在学校的帮助下连接相关领域的专家。很多老师在这里成就了自己。

第四，立项三至六个月后的中期督导，是项目研究的加油站、分水岭。通过中期检查的项目研究，会进一步得到技术、物质支持，而那些无实质进展的项目会被暂停，进入整改阶段。

第五，对验收合格的项目，学校会张榜公布，进行表彰，并赋予项目成员相应的学术素养积分。同时，学校会对项目成果进行推广，在学校的教育年会上、"封闭研讨"的论坛上，都有项目研究者的身影。

年轻的田俊校长说:"学校很多难点问题的突破、创新点的诞生都源于项目研究。项目研究一方面解决了很多实际问题,让变革和创新不断深入;另一方面,也帮助越来越多的教师发现了自己的价值,专业性得到尊重和发挥。"

小贴士

1. 让项目研究成为学校教育科研的重要方式。

2. 在破旧立新的过程中遇到问题,可以组建项目组,寻求解决问题的方案。而不是简单地退回到原来的路上去。

3. 项目研究的课题要面向学生、面向教学实践、面向未来,有效解决实际的教育问题。

4. 项目研究一般需要在一年内结题并有可推广的成果。

9.空间设计：老师是学生靠谱的代言人

在十一学校耐心地走上一圈，恐怕很难发现一处只有一项功能的空间。有着漂亮穹顶的缘宫，平时是一个人发呆、两三个人闲谈之处。同时，又可用来举办音乐会、圆桌论坛、摄影展、成果发布会，甚至校友的婚礼。学校的食堂也不只是吃饭、聊天之处，它还被打造成了无线网络全覆盖、颇受欢迎的学习中心。从新建成的多语种学习交流中心，我们可以窥见十一学校对空间建设秉持何种理念。

谈起多语种学习交流中心的规划、建设过程，刘婕老师喜形于色。她和同事总算结束了漂泊不定的教学生活，在 2020 年那个寒冷的季节相聚在了图书馆 5 层一个"漂漂亮亮、干干净净，一走进来心情就会比较舒适的地方"。此前，多语种教学的老师分散在不同的教学楼，集中教研时只能相约去某一位老师的教室。而教室也会频繁更换，最长不过一两年，"老师花心思布置好自己的教室，第二年搬家的时候又带不走，很可惜"。刘婕就曾分别在初中楼、高中楼、艺术楼待过。2020 年暑假，当多语种学习交流中心动工时，她比谁都期待它早日落成，好结束那种在校园内迁徙的生活。

不过，在盼望的过程中，老师们可没闲着。可以说，中心能有今天这样令人满意的模样和氛围，很大程度上要归功于他们。这些教授法语、德语、日语、俄语、西班牙语和韩语等语言的老师，不但擅长教书育人，在空间设计和装饰方面也是一把好手。

十一学校是属于老师的。从设计师画图纸开始，老师就参与了中心的建设，他们不会像有的学校的老师那样，只能"事不关己，高高挂起"，而是和施工方反复磨稿，提出自己对空间的需求和想法。双方的碰头会开过四五次，空间设计方案前后改过八稿。想必设计、施工人员都会感到纳闷："又不是建自己家的房子，至于这样吗？"

他们的精心投入远不止如此。中心的天花板是坡屋顶，没有自然采光，在装修的色调上，老师们商定选择以大面积的白色为主调，同时利用橙、绿、黄、红等多种颜色的灯光照明，"给人一种明媚、多元的感觉"。

各语种教室里课桌椅的颜色，也由老师根据所教语种国家的特点来决定。比如，德语教室采用了德国国旗的颜色红、黄、黑来组合，俄语教室选择了白、蓝、红三色。刘婕把老师们的需求汇总、整理成表格，发给家具厂。家具厂的负责人一看老师们的需求如此详细、具体，也不敢掉以轻心，生怕喷漆时有色差，要求老师们注意查清色号。像日语教室的课桌椅有一条要求"希望是深红色"，但深红色有很多种，哪一种才是日语教师想要的呢？于是，老师们便去研究各种颜色的色号，把准确的那种反馈给家具厂。就连挂在教室门口的铭牌，多语种的老师也特意请学校的艺术老师帮忙设计，"比较国际化，用的是亚克力"。

十一学校归根结底是属于学生的，尽管他们没有机会参与中心的设计，但老师就是他们靠谱的代言人。在规划设计时，老师们就把很多空间留白给学生、留白给未来，其中有大量可画、可擦，可用来展示、可用来交流的地方。比如，教室和走廊上的白墙、教室里的推拉门、入口处的展示墙，等等，都是学生可以用来表达想法、展示作品的地方。

推拉门关上的时候，它就像一堵墙把教室和走廊隔开，但一打开，就释放了教室的空间。一些面积较小的地方，是开放的自主学习区。还有私密的小自习室，也颇受学生欢迎，两三个人可以在里面自由自在地讨论，也不用担心影响外边的同学。书架也是开放的。有的教室空间较小，就在墙面打几个凹进去的隔间作为书架。还有一个朗读亭，功能强大，学生用微信登录后，可以在这里把自己朗诵或歌唱的声音录下来，然后导出，能直接分享到微信朋友圈。有学生就在这里录制了参加全国多语种配音比赛的作品。

值得一提的还有课桌，老师们在网络上查找了很多种流行的课桌椅的形状，看它们有多少种组合、拼接的方式，是否适合中学生用来学习。最后，老师们选择了带轱辘、方便拼接的梯形课桌，以"方便不同人数的小组讨论"。

多语种学习交流中心还在自己的空间里，举办了手抄报比赛、"异语"风情节、多语种风采大赛等各种活动，"每天中午都热热闹闹的，到处都是学生的作品。"刘婕老师说。学生也爱来这里自习、讨论，各个语种之间的互动也多了起来。

小贴士

1. 一处空间多重功能，食堂也可以是学习中心。

2. 多语种中心的设计图纸，老师们和设计师反复磨稿。

3. 课桌的颜色、外观与功能，由教师根据各学科的特点来决定。

4. 规划设计时，老师们把很多空间留白给学生和未来。

第三辑

在师生相处中实现有效的教育

　　十一学校的老师没有办公室，准确地说，他们办公的地方就在学科教室的某个角落，一举一动随时都可能落入学生眼里。一位初来乍到的新教师曾经开玩笑说："想在网上买几块屏风，立在自己的工位四周。"

1. 学生在你心目中的地位有多高，
你在学校中的价值就有多大

潘国双老师自 2009 年入职十一学校以来，忙得可谓昏天黑地。直到他的孩子 9 岁那年的"五一"劳动节，他才有时间带小朋友去了一趟天津。他早就有资格评高级职称，但他对此毫不在意，嫌填写申报表格太麻烦，说如果有那时间第一想做的事情就是睡觉。连续差不多七年，他没有休息过完整的半天，周六周日也是他的"工作日"，寒暑假亦安排得满满当当。

问他为何这么拼命，潘老师的回答就像他这个人一样朴素。"学校给我这么多的荣誉和待遇，让我受宠若惊。如果做不好的话对不起学校对我的期盼。"他说，还强调了一句，"学校对我这么好，我就应该拼命工作。"

潘国双拼命工作与学校对他好，很难说谁先谁后。或者说，他们几乎是同时发生的，互为因果。

潘老师是数学博士，他教书不久就被学校时任课程研究院院长秦建云发现，后者从学生口中得知这个年轻人不一样。潘国双曾经在北京服装学院任教 6 年，博士毕业于北京师范大学数学系。他从不按部就班地讲教材，讲课喜欢发散，"从任何一个知识点都可以讲到很远的地方去"。他带着几个高一学生学微积分，"就像带研究生一样带他们学"，最后有两人获得丘成桐数学奖，开创了学校的先河。

秦建云也很大胆，对这位他还交往不多的年轻同事委以重任，把开发数学 V 课程（数学高端课程）的担子交给了任职才一年的潘国双，还轻描淡写地对他说："这个事情你自己去安排，只需要到开学的时候把书拿出来就行了。"这话说起来很简单，潘国双却不敢掉以轻心，连春节也不敢休息。从此，他过上了一边上课一边开发课程的辛苦生活。白天，在初一和高二年级的教室间来回奔跑。晚上，他大部分时间就待在学校，有时甚至不回家，在图书馆或者教室里凑合着睡一觉。

有一次，潘国双发现一个"宝藏一样的地方"：装修前的国际部大楼，晚上不锁大门，二楼空旷处有一张大桌，于是"每天晚上就在那里干到凌晨两点"。

三十来岁的潘国双，承担起了学校选课走班前先行先试的重任。他后来说："支撑自己做下来的就是责任感，生怕毁了学生，辜负了学校的信任。"他认为，一个老师的主要工作就是服务学生，肯定要把学生放在第一位。"家里的事情，只要不是特别紧急和重要的，我都会偏向学生。"久而久之，家里人对此也就习惯了。他的妻子难得"强迫"过他一次，要他把白头发染黑，说年纪轻轻的"白头发太多了，实在看不下去"。

忙忙碌碌的潘国双看起来充满活力，谈起学生，镜片后那双明亮有神的眼睛就笑成了一条缝。他是学生眼里爱憎分明的潘老师，为人随意但原则性很强。他要求学生说话算话，不能随便承诺而不兑现。对学生原则性的错误，他会严厉批评，明确指出错在哪里。有人体育课请假在他的教室里自习，有的学生熬夜不注意身体，有的学生不来参加语文早读，他都会批评和提醒。

这位数学老师观察学生，不喜欢只从数学成绩的角度去看，"他们所有科目的学习情况，我都比较熟悉。"潘国双说。他喜欢看整体，认为这对学生更有利。

　　他曾带过的一名学生，文科极好，数学很弱，高三时去了别的班，他担心学生不适应，每次见到她都要问问情况。因疫情上网课期间，有一天潘老师突然想起这个孩子，马上给她打了电话，说了一个多小时。巧的是，这名学生前一天晚上做梦，梦见潘老师对她很失望，因为她有几次数学考试成绩不理想，觉得太对不起潘老师了。"结果潘老师第二天就主动打电话过来"，帮她一道题一道题地分析试卷，还鼓励她平时不论学习还是生活，有问题都可以找他，"感觉心里特别温暖"。后来在学校的一次会上，田俊校长在谈到"心中有学生，才能走进学生心中"时，专门讲到了这名学生在潘国双老师那里感受到的"希望和感动"。

　　"学生在你心目中的地位有多高，你在学校中的价值就有多大。"这是写进学校行动纲要中的一句话。潘国双的经历恰如其分地体现了这一点。十一学校的学科带头人分三级，最高的是一级。2013年，入职第四年的潘国双就被评为学科带头人（一级）。这让他很吃惊。第二年，学校又特意为他增设了一个岗位——校内特级教师，全校唯一，每月享受特殊津贴。他那时连高级教师都还没评呢。

　　2015年，又到了评职称的时候，早就有资格申报的潘国双嫌麻烦，又不填申报表。眼看就要到截止时间，学校人力资源部的尹纪伟老师觉得，"不能让这样的人吃亏"，悄悄替潘老师填好了各种表。潘国双这才评上了高级教师。

　　在十一学校，潘国双如鱼得水，感到很舒服。学校不论资排辈，同事之间关系单纯、融洽，大家都会发自内心地钦佩他人取得的成就和荣誉。"好的管理机制，好的同事关系，我正好也有一些想法，这些想法遇到了合适的土壤，所以，我才有了一些成绩。"潘国双说。十一学校是他心目中理想的学校，尽管在改革的路上也会不时遇到一些问题。

小贴士

1. 潘国双老师从不按部就班讲教材，而是像带研究生一样带着高中生学习。

2. 潘国双老师认为自己的主要工作是服务学生，只要家事不是特别紧急和重要，就会偏向学生。

3. 作为数学老师，潘国双老师考察学生，不只看数学成绩，还要了解学生所有科目的学习情况。

4. 学校对潘国双老师委以重任，把开发高端数学课程的担子交给了入职仅一年的他。

5. 学校为潘国双老师增设了岗位：校内特级教师，全校唯一，每月享受特殊津贴。

2. 和自己较劲

　　黄晓鸣是在没想清楚为什么要当老师的情况下做的老师。2007 年，他通过了十一学校的面试，便顺利入职了。在经历了一段时间的挫败和迷茫后，他曾经怀疑自己的选择是否正确，但现在回头看，"很庆幸选择了这个职业，在遇到挫折时没有放弃"。

　　和许多职场新人一样，黄晓鸣当时对未来也有许多憧憬和计划。他认真备课，努力工作，可很快就遇到了当头一棒：教育教学诊断结果很差。对这位北京师范大学毕业的硕士，学生并不买账。问题主要出在课堂上。这位新教师习惯从自己出发，还无法做到以学生为中心，课堂热闹却低效，学生的成绩偏离他的预期。

　　如何从学生出发了解学生的需求？如何设计课堂学习目标？如何设计课堂活动，确保课堂高效？如何布置课后作业？……一系列的问题袭来，让黄晓鸣"十分迷茫"，感觉空有一身武艺，却不知如何施展。

　　这时，他职业生涯中的关键人物出现了——时任英语备课组组长侯敏华。侯老师向来快人快语，直言不讳，但面对这位失意的年轻人，她却很宽容，主动找他谈心，相信他一定能做好。更重要的是，告诉他"有什么问题，怎么去解决"。后来，黄晓鸣尊称侯敏华为"人生导师"。

"我职业生涯的每一个变化都和她息息相关。"他在一篇文章中写道,"她睿智的生活见解,总能为我答疑解惑;她笃定的职业信仰,让我坚定了信念;她专业的知识背景,让我不断成长。"此外,还有一些杰出的同事,如秦建云、王笃年、杨文学等,"都是激励我成长的楷模"。这些老师对学生的喜爱,让黄晓鸣看到了一个老师应该有的样子。他观察他们怎么跟学生相处,如何激发每一个孩子,怎么设计课堂内容,如何在课堂上与学生互动……

十一学校的教育家书院曾经梳理过多名优秀教师的成长路径,发现在他们的成长之路上,出现过关键人物、关键书籍以及关键事件。对黄晓鸣来说,上公开课可谓是关键人物指导下的关键事件。在侯敏华老师耐心、细致的指导下,他的一堂公开课的每一分钟都被认真审视、纠正,这使得黄晓鸣逐渐明白,老师的一个行为、一个指令、一个任务,在学生那里将可能引起怎样的反应。他在清华大学附属中学上的市级公开课获得师生的一致好评,"对怎么上一堂课,那种迷茫无知,到这一刻才变得清晰起来"。后来,他又上过三四次类似的公开课,涉及英语写作、听说、阅读等课型。这些经历逼着他想方设法把课备到细致入微,因此,他对各种英语课堂都有了较好的把握。

牵头和老师们编写《高中英语语法解析》读本,是黄晓鸣专业成长路上的又一起关键事件。这个过程不仅让黄晓鸣变得更严谨,学会了引领、协调与合作,也让他一改之前跟着教材按部就班走的方式。在学期一开始,他就能围绕学生成长的核心点,聚焦单元核心概念与课标要求的核心技能,提前规划,有针对性地去培养。

黄老师是那种看起来大大咧咧,好像什么都不在乎,其实内心无比在意结果的人。一件事没做好,他会较着劲,不让它过去。他之所以迷茫、焦虑，也正是因为一心想把教书育人这件事做好。

2015 年，入职的第 7 年，他成长为教研组组长。老师和组长的双重身份推动他去思考：到底应该为学生提供什么样的教学资源和支持？此时的黄晓鸣已经不再是当年那个习惯"以教师为中心"的老师了，他会观察学生的学习特点，分析他们出现的问题，基于此去寻找解决问题的办法。

以背单词为例，黄老师发现，不管是背记还是考核，方式都很单一，学生虽然会拼写释义，但不太会用单词，语言素养较低。如何让学的单词变得有"战斗力"呢？黄老师认为，需要从各个角度去掌握一个单词，最重要的是要依托具体语境，让学生一看到某个单词，脑子里就能出现画面感。于是，他开发了"单词学案"：在备课时就把那一课的单词整理出来，分成不同的形式，比如英文释义、语境运用、选词填空、造句、完成句子等，一改英文单词中文释义的单一学习方式。有的单词需要记住英文释义，因为中文释义有一定的误导性。黄晓鸣举例说，concern 的中文释义是"担心"，学生会认为它等同于 worry；其实，根据英文释义，concern 表示"公众的担忧"。"学生知道这个差别了，在写作和阅读的时候能更好地理解文意和选择词汇。"

黄晓鸣在自己的教学班尝试后，觉得"单词学案"效果不错，就把它推广到了年级，"大家都很欢迎"。

侯敏华的高徒如今成了新教师的师父。他像侯老师对待他一样，帮助一位青年教师获得了北京市海淀区风采杯的一等奖。他指导徒弟进步，也视徒弟为师，"他们接受新事物、挖掘新资源的能力值得学习"。在教师这个行业，黄晓鸣愿意继续享受普通，继续和自己较劲。

小贴士

1. 一件事情没有做好，不要轻易让它过去，要和自己较劲。

2. 应寻找成长路上的关键人物、关键书籍和关键事件。

3. 向优秀的同事学习，观察他们怎样和学生相处，如何激励学生，等等。

4. 黄老师把上公开课、牵头编写读本、任教研组长，等等，变成促进专业发展的关键事件。

3. 在师生相处中实现有效的教育

十一学校的老师没有办公室，准确地说，他们办公的地方就在学科教室的某个角落，一举一动随时都可能落入学生眼里。一位初来乍到的新教师曾经开玩笑说："想在网上买几块屏风，立在自己的工位四周。"

这位老师叫唐梦莲，北京大学翻译硕士，2018 年夏天入职十一学校时，她看到自己的工位是完全开放的，感到很不适应。这与她在读大学时想象的职场办公室的样子相去甚远。她希望有一个独立的空间工作、思考。不过后来，她认识到了这种"暴露"的好处，并开始享受与学生共享空间的感觉。

最初一段时间，坐在自己的工位上，唐老师专注地备课或策划活动方案时，总会有学生来请教，她为此而困扰。"学生为了学习找你求助天经地义，不帮他肯定不行，一帮他再重新进入自己的状态，又要多花一段时间。"她说。平衡之道是，与学生建立起规则，约定好答疑的时间。双方很快就达成了时间上的默契。

有一天，一位数学小考分数不理想的男生情绪失控，躺在教室的地上，拿衣服蒙住头，哭了一个多小时，谁来劝都不行，包括他的导师唐梦莲。唐老师希望陪伴学生成长为自由、谦逊、愿意持续探索的幸福的人，但此刻在那位伤心哭泣的学生面前，她感到很无力。相识一个多月，她发现自己还没有真正走入这位学生的世界，"说什么他也听不进去"。

建立师生关系的转机在无意中出现。有一次，这位男生在唐老师的英语学科教室里逗留时，小声哼唱起了"痛仰乐队"的歌。唐梦莲恰巧很喜欢这个乐队，"便很自然地、发自内心地、很惊喜地问他：'你也喜欢这个乐队？'"两人还一起哼唱了几句。男生选修了电声乐队的课，有一天带着吉他走进了唐老师的学科教室。放学前，唐梦莲叫上几个学生，和这位男生围成一圈，一起弹唱他喜欢的那些民谣和摇滚。"就在那一次后，我感觉他整个人舒展开了，不再像之前那样没有存在感，缺乏安全感。"唐老师说，"这个男生学习能力并不差，但不够自信。他敏感、要强，非常在乎别人的评价，渴望吸引别人的注意力。"

唐梦莲认为，与一个学生建立关系有时候需要一个突破口，它不一定是在学科教学中，或是在严肃的、有仪式感的师生对谈中，"可能就是在这种共处一个空间的日常里，不用刻意为之却发现了某个契机。长时间的共处，会催生很多这样的契机。"如果还是在传统的办公室里，她不太可能听到学生的哼唱，从而和他有了共同的话题，更没有机会看到一名男生躺在教室里哭上一个多小时。

当唐梦莲从一个希望有独立办公空间的职场人角色，更多地进入一个教育者的角色后，她体会到了"日常暴露"的作用。"在人与人的交往中，要想建立紧密的关系，有足够的自我袒露非常关键，师生关系也是如此。"每天，学生能看到他们的老师坐在工位上备课，有时她会歇息一会儿，有时她会给自己泡一杯喝的，有时她会因为凉意穿上搭在椅背上的外套。同样，唐梦莲也能看到学生专注地学习，随意地聊天，无意中听到他们哼唱的歌曲。"这些和我们小时候上学，老师上完课就回到自己的办公室关起门来的感觉，完全不同。"在这样日常相处的环境里，唐梦莲能观察到学生也在发生变化。最初，他们也不适应和一位新老师长时间地待在同一个空间里。当老师走进教室时，他们会停止正在说的话，然后伪装出一副希望老师看到的样子。但随着时间拉长，他们或被迫或主动适应了与老师共处一室的状态，没有办法也没有必要再伪装，从而展现真实的自己。

2018 年以来，唐梦莲已经先后带了四批新同学。她发现，在每天长时间的相处下，她一般会在两个月左右与学生建立起"比较舒服的关系"。这种关系中，有师生之间适度的距离感和尊重感，也有朋友间的信任、家人般的自在。学生课间聊天，说到特别好笑的事情时，唐老师也会忍不住笑出来。有时听到自己感兴趣的话题，她会加入闲聊几句。在这种氛围下，学生找老师探讨一道错题，聊聊读过的英文，也就变成了一件很自然的事情。

就像《北京市十一学校行动纲要》提炼的那样："良好的师生关系形成需要一定的相处时间，只有在师生相处中才能更好地实现有效的教育。"

小贴士

1. 十一学校的老师没有办公室，学科教室就是他们工作的地方。

2. 师生之间长久相处，会出现许多建立师生关系的契机。

3. 如果老师还待在传统的办公室，师生之间会失去很多互相观察的机会。

4. 师生同处一个空间，彼此被看见，对建立紧密的关系很关键。

5. 随着师生相处时间拉长，他们会彼此适应同处一个空间的生活，学生们也不再伪装自己。

4. 心里有学生，就要"区别对待"

十一学校认为，教师从事的是世间最复杂的脑力劳动。想想一些专家学者在自己艰深的领域游刃有余，却可能对孩子的教育问题束手无策，也就觉得此言不虚。这种复杂性还在于，即便是热爱学生，也没有放之四海而皆准的统一做法，还得因人而异，用恰当的方式让学生感受到老师的关爱。

杜志华老师从教已有 39 年，从其爱好 —— 散步，看展，旅行，发呆，打乒乓球，写毛笔字等来看，她是一位很会生活的政治教师。学生形容她，"亲切温暖，总让人如沐春风；气质优雅，永远充满对生活、对学生的爱"。而杜老师心里有学生，体现在把学生"分层分类"对待。这当然不是说要把学生分成三六九等，厚此薄彼，而是因材施教。

有一类学生，出类拔萃，优秀到连杜志华都认为，"他应该当我的老师，而不是我当他的老师"。2008 届的裴济洋，综合他的家庭教育、阅读面和内驱力等因素来看，他要比同龄人成熟四五岁。杜老师对这个学生的夸赞溢于言表，她经常对他说："我教不了你，你真的是可以当我的老师。"一名老师对学生说出这样的话，如果不是气话，就是发自内心的赞叹。从这里可见杜老师的境界、胸怀不同一般。

她认为，这样优秀的学生，如果跟着自己上一般性的课，肯定收获不大。遗憾的是，他是文科生，没有理科生那种竞赛课程可选。于是，杜老师把他变成了自己的助教。每逢考试，裴济洋就和杜老师一起阅卷、分析试卷、讲评考题，这让他能从一个更高的视角看待自己的学习。裴济洋后来写了一本书，谈他的中学时代，其中浓墨重彩地记录了他和杜老师这种亦师亦友的关系。而在杜老师眼里，很多时候，他们之间更像同事而非师生。

还有一部分学生，比较优秀，但不如前者那样出类拔萃，他们也会成为杜志华老师的工作伙伴。对一些热点问题的理解、需要拓展的内容以及认知上的误区，他们先在课下讨论，达成一致意见后，再去课堂上讲解。"他们非常有成就感和满足感，对其他同学也是一种激励"。有人想成为这个小团体中的一员，课下讨论时就站在一旁听，不时插上几句话。

对那些学习困难者，杜志华选择和他们共情，"设身处地地理解他们非常不容易、非常难"。她心软，会和学生一起哭：他们那么可爱的孩子，为什么在学习中总受打击？"你怎么学得这么慢啊？你怎么这么笨啊？你怎么这么不行呢？"杜老师说，"这样的话万万不能说出口，就算他的成绩你怎么拉也拉不动，都不能有一丝怀疑，只能坚持不懈地鼓励。"有家长在孩子毕业后略带夸张但不失真诚地对杜志华说："当所有的老师都对我的孩子没有信心的时候，你依然抓住他不放，领着他一起往前走。"

还有一种学生，不只学习困难，而且难教育，难管理。杜志华老师介绍了同事贺千红的做法：在接手学生前，做大量细致深入的工作，然后给这些学生写信。信中饱含真诚与期待。这样的信真能起到"神奇的效果"，老师们开玩笑说，那些学生"被贺老师举上了神坛"，觉得贺老师期待的那个样子，就是自己应该成为的样子。

做年级主任时，杜志华曾经处分过一位骂老师的学生，从此，这名学生看她的眼神就充满了敌意。无奈、悲观之际，杜老师甚至想："这孩子如此不尊重老师，他毕业后我都不愿意认他为我的学生。"但她不会让内心的消极想法变成写在脸上的情绪。他们后来成了朋友，每年教师节，这名学生都回来看望杜老师。这时候，杜志华才知道那位爱憎分明、敏感易怒的学生之所以骂老师，是因为他看不惯那位老师的某些行为。

面对学生的敌意，该怎么办？"等待。"杜志华轻声却有力地说，"等待一个时机。不能因为我是老师，就要求他必须改变这种态度。"同样重要的是，对他的学习，不能怠慢半分，更不能带着情绪针对他。"渐渐地，我发现他上课开始抬头看我了，眼神也变得柔软了"。

这些关爱学生的方法和技巧，建立在一个重要的基石上，那就是对学生的深入了解。"如果不了解他们的心性、禀赋、发展需求、成长中的困惑等，任何技巧和方法，就都不会是因材施教。"杜志华说，"了解他们的重要方法，就是坐在教室里陪伴他们。"此外，要和所有学生一对一地深入交谈，不是一次而是多次，以至于有老师这样表扬这位老同事："学生的事情杜老师都知道，学生有什么事都爱和杜老师说。"

去初中楼，遇到学生在走廊里奔跑，杜志华会站在一边，等他们跑过去，以防自己被撞倒。她视之为学生朝气蓬勃的体现，"他们最初不会'走路'，只会跑，还大声嚷，渐渐地就会安静下来。"杜志华说，"做老师的如果看到学生的问题，就希望马上解决，这很要命。不能急躁，要有耐心，并让学生能够感受到你的这种爱。"

小贴士

1. 对学生分层分类，不是把他们分成三六九等，而是为了因材施教。

2. 老师应发自内心地赞叹出类拔萃的学生，并让他们成为自己的助教。

3. 对学习困难者，应设身处地地理解其难处，坚持不懈地鼓励他们，万万不能说打击他们的话。

4. 老师向学生真诚地表达对他们的高期待，会产生"神奇的效果"。

5. 了解学生最重要的方法，就是坐在教室里长时间地陪伴他们。

6. 看到学生的问题，就希望马上解决，这很要命。

5. 惩罚，以学生可以接受的方式

惩罚违纪学生，是一所学校、一位老师必不可少的权力，但如何通过惩罚这个手段实现育人的目的，却是一个挑战。十一学校确定的一大原则是：以学生可以接受的方式实施惩罚。言外之意是，学生不能从内心接受的惩罚方式，难以起到教育的效果，因而这样的惩罚也就失去了意义。

有人偷了同学的耳机，按照规定必须处分，而且需要在年级范围内公示处分决定，其中会写明具体的违纪情况、处分等级。这样的处分公告，我们在许多校园里都见到过。在有的学校管理者看来，不公开处分决定不足以惩前毖后。十一学校的老师对这种情况做了"灵活处理"。师生之间进行了深入交流，偷耳机的学生表现出了改正错误的决心，还主动签署了保证书，承诺若再次犯错愿接受严重的惩戒。考虑到该生是第一次犯此类错误，没有造成财物损失，年级决定给他相应处分，但不公示处分决定，以免影响今后他与同学的正常交往。

一名初一新生参加北京市海淀区统一组织的期中摸底考试时，在答题卡上写满了各种骂人的脏话，脏话中还透露出此人的狂妄。海淀区教委的有关人士倒是宽宏大量，没有向学校提及此事，是年级老师向学生交还答题卡时才发现这一恶劣现象的。于是，年级老师便约谈了学生和家长。此前，已有学生反映，他说话"嘴里不干净"。处分是在劫难逃了。为了警醒其他同学，这个处分决定本应该贴在饮水机上、电梯旁边、楼梯口等学生的必经之路上，但老师们商量后，决定不张贴公示，改由教育顾问张国春老师去各个导师班宣读。随后，几位老师又觉得这样做也不妥，最终只在这名学生所在的导师班，向十几名同学宣读了处分决定。这种"师者仁心"，也兼顾了处分和公示的相关要求。

此事过后没多久，又有同学投诉那名学生用脏话骂人，张国春一听"脑袋就大了"。他和几位老师一起商量怎么办，有老师怀疑这名学生可能得了"秽语综合征"，便打消了加重处罚的想法，并建议家长带孩子去医院检查，结果还真是得了"秽语综合征"。一年多过去，在张老师的定期交流以及医生的治疗下，这名学生说脏话的情况大为改观。张国春并非他的任课教师，"但每次他见到我都特别高兴，还会主动来找我反馈、交流问题"。

还有一名学生，在晚自习时多次违规使用手机，对他的处分是停止在学校上晚自习一个月，同时在学校的住宿也相应停止。这意味着，他每天需要花一个半小时在学校和家之间往返。学生对这样的处理很不满，家长也希望学校能"网开一面"，采用别的惩罚方式。

"以学生可以接受的方式实施惩罚"，并不意味着要完全迁就学生的情绪，做出无原则的妥协；而是在不动摇原则的前提下，通过坦率、有效的沟通去化解那种不满的情绪。几位老师，包括学生的导师、晚自习负责老师、教育顾问，再次和学生、家长进行了交流，很坦率地讲了为何要这样处分，希望暂停在校自习和住宿导致的不便能够带来以后长久的方便——让学生珍惜住宿和在校晚自习的机会，更好地锻炼自主生活能力。"经过这样的交流，学生和家长都理解了惩罚的目的和意义，心悦诚服地接受了这一惩罚"。一个月后，这名学生因做到了准时出勤，得以重新申请住宿，此后再也没有犯过类似的错误。

十一学校致力于培养"志远意诚、思方行圆，即志存高远、诚信笃行、思想活跃、言行规范的社会栋梁和民族脊梁"，为实现其中的"言行规范"，学校的学生手册提出了清晰明确的"行为准则"，并对违反者制定了相应的惩戒措施。这所中学主张"实施不被拒绝的教育"，把兴趣视为学生接受教育的重要前提，努力追求"让学生终生难忘"的效果。这体现在惩罚上，就是不由教师单方面将或轻或重的处分强加于学生，而是通过沟通、协商的方式，"和学生充分地'就事论事'"，使得学生可以接受，从而使惩罚这一令人不悦的手段，成为促进学生改变、成长的机会。

小贴士

1. 学生不能从内心接受的惩罚，难以起到教育的效果，也就失去了惩罚的意义。

2. 对学生的惩罚，既要维护有关规定的严肃性，又要将对学生的不利影响降至最低。

3. 以学生可以接受的方式，不等于迁就学生，而是要通过沟通、协商，充分地就事论事，把惩罚变成促进学生改变、成长的机会。

6. 消除惩戒的"副作用"

如何对待犯错的学生，颇能体现一位教师的教育观与学生观。像曹书德老师，每当他行使教育顾问的惩戒权时，他总要认真考虑如何让被惩戒的学生回到团队中，"不是一般地回，而是有面子、有尊严地回到大家中间学习和生活"。

他的行之有效的做法是，在以合适的方式惩戒学生后，一定要创造机会发挥、展示学生的优点和长处。他担心有的学生如果一再受到惩戒，又很少得到表扬，会心生烦闷，逐渐远离集体，造成边缘化。

有人总是改编小说去讽刺别的同学，比如改编《孔乙己》嘲讽一位数学成绩糟糕的女生，曹老师就和这位同学商量开设一个"少年文学派"的专栏，把他的一些好的作品展示出去。有女生总是与人闹矛盾，跟很多同学的关系都不好，曹老师发现她会画画，能设计海报，于是就请她给年级过生日的同学设计祝福海报，一周一期。"很多同学都没想到，她还能做这样的好事。"

在《让惩戒产生正能量》一文中，曹书德详细讲述了他如何帮助一位犯错的学生重新获得尊严的故事。这名学生（下称 S 同学）所犯错误是，在年级贴吧里匿名发出了 7 条指名道姓羞辱、谩骂同学的帖子；还有 3 条帖子已经写好，是骂 3 位老师的，还没有发出。身为年级的教育顾问，曹书德接手来处理。

他惊讶于"这孩子怎么要骂这么多的人"，和他慢慢地聊，听他倾诉曾经受过的委屈：有的同学在公开场合羞辱过自己；有的同学言行刺伤过他身边的朋友；有的同学好开玩笑，口无遮拦；有的老师当着很多同学的面批评自己……曹书德老师个子不高，肤色略黑，笑容憨厚，容易获得学生的信任。这个耐心倾听的过程，如果老师不带情绪和成见，也不做评判，会让学生感到放心、得到尊重，也能给老师极好的发现、理解学生的机会。

另外，背景信息也很重要。曹老师想到了 S 同学的另一桩往事。这提醒他，看似合理的惩戒，如果不能让学生心服口服，可能会带来更激烈的"报复行为"。一位学生喜欢恶作剧，藏人东西，有一天，该生也成了恶作剧的对象——有人把他的水杯藏进了 S 同学的书包里。在上学路上 S 同学将水杯丢进了垃圾桶，作为对恶作剧同学的报复。S 同学最后面临的"惩罚"是，按原价买一个杯子赔给对方。但他不仅没赔，还和那位同学打了起来，理由是"要我一个人赔杯子我不服，把杯子塞到我书包里的人也有责任。杯子的主人也藏过我的东西把我害惨过，他自己也有责任"。

对这一次"骂人事件"的处理，S 同学没有口服心不服，他连夜给被自己谩骂的 7 位同学和 3 位老师写了 10 封不一样的道歉信。在曹书德看来，道歉信写得真诚而实在，其中有四条具体的承诺，在向一位同学致歉之前，还有根有据地表达了对他的佩服："你是一位幽默、乐观向上的男生，你有很强的自主能力，你能把时间管理得井井有条。"一般来说，事情到这种程度，三方都满意，可以结束了。曹书德老师的高明在于，他还要再进一步，支持犯错学生做一件可以扬眉吐气的事。

后来，两人聊了很长时间，末了，曹书德面带微笑地提出了他的建议："在我们同学间、师生间、父子间普遍存在着不经意伤害对方的一些事。如果有人把日常生活中的这些事写出来提醒大家注意，一定会减少许多不快。"他们商定以孔子的"己所不欲，勿施于人"来命名这项活动，一周出一期，每期三四百字，印成海报张贴出来，"把你们的姓名也印上去"。

这件事，对学生而言，既有切肤之痛的体会（不论是他被别人伤害还是伤害别人），又有点"戴罪立功"的味道。S 同学果然行动迅速，第二天就把第一期的文稿交给了曹老师，讲述了自己等电梯时，发现有人故意堵住电梯门不让其他同学进去的危害，呼吁大家"不要再做这种害人害己的事情了"。但他没好意思署上自己的真名，而以"大家好才是真的好"取而代之。曹书德揣摩他的心思，"他觉得在许多同学心中，自己的名字总是跟'犯事儿'联系在一起，从来没有在年级干过这么'神圣'的大事，担心贴出去反差太大招致更多人关注"。

《己所不欲，勿施于人》的第一期内容就引起了不少同学的注意，他们还纷纷猜测"大家好才是真的好"到底是谁，这让 S 同学暗自得意。曹书德鼓励他："就这样继续做下去，让大家先猜猜，到第三期的时候再让他们知道，S 同学也是可以干大事的。"

惩罚，只是教育的一种手段，它难免会产生一些副作用。曹书德老师为受罚学生量身打造合适的机会，鼓励他们发挥所长，去做有意义的事，这或许就能消除惩罚的副作用。

小贴士

1. 必须认识到，惩罚，作为教育的一种手段，它的实施不可避免会产生"副作用"。

2. 惩戒学生后，一定要创造机会，支持犯错学生做一件可以扬眉吐气的事。

3. 老师不带情绪和成见地耐心倾听，且不做评判，是对犯错学生的尊重，也有利于发现、理解学生。

7. 不要怕学生犯错误

一名 2018 届男生，在学校多次违纪，受过三次处分，还因为学业成绩差，跟不上学习而休学一年，父母对他的期望是拿到高中毕业证书。结果，这名让众人头疼的学生却以 598 分的高考分数，进了一所不错的大学。这个令人惊喜的逆转是如何发生的？

有老师概括这名男生（我们就叫他小弓吧）的行为常态：梳着小辫，穿着拖鞋，不穿校服，随意迟到、旷课，上课不听课，课后不写作业，还经常夜不归宿，把老师的批评教育当作耳边风。虽然很快就要成年，但他还习惯性地对老师撒娇，希望他们把自己当小孩一样对待。而让一些女教师感到很不舒服的是，小弓同学似乎没有男女性别界限，会斜跨在办公桌上和老师说话。一名高中生，这个样子真是成何体统！以致有的老师见到他就难受，说只能用"堕落"二字去形容他。

作为小弓同学休学后的年级教育顾问，孟邻老师在他的转变中发挥了重要作用。孟老师在十几年前和很多老师一样，习惯按照自己理想的模式去塑造学生，遇到学生犯了错，她会急躁地去教育。她曾强迫或者命令学生在课间跑步、按时交作业、按时做值日，但常常遭遇学生或明或暗的抵触。十一学校实行选课走班后，取消了行政班班主任，老师失去了命令学生做这做那的权威。与学生怎样打交道才能真正影响他们，成了每一位老师都要攻克的课题。这时候，孟老师才认识到，要相信学生的自我成长，教师要当引导者、陪伴者。

这些年来，面对犯错的学生，孟老师一贯的做法是先调查了解，弄清情况，避免自己对学生上纲上线，乱扣帽子。她说，有的学生顶撞老师，并不是故意为之，而是因为心中有气，感觉老师态度恶劣，或者有失公平。不了解这个背景就去教育学生，只会适得其反。

小弓行为的背后，有学校教育管束力度不够的问题。老师们反思，之前"对他的管理过于松懈了"，总是温和地谈话，可能助长了学生的骄纵。

家庭教育也是个大问题。小弓的妈妈，"任凭孩子撒娇，替他打理各项事情，包括起床、穿衣、吃饭，等等"。妈妈溺爱，爸爸不管，这对孩子的成长可谓雪上加霜。也是从孩子的妈妈那里，孟老师知道了小弓休学后的状态：在家根本不学习，每天长时间赖在床上。这样的日子过久了，小弓或许因为觉得百无聊赖，便要求复学。

孟老师抓住了这个教育契机，利用他想复学的心理与他沟通，希望小弓以新形象迅速融入新年级，成为受大家欢迎的人，而不再是一个梳小辫、穿拖鞋、不穿校服的另类。"他在反复的心理斗争后，过了一周，终于剪掉了小辫"。

对于上学总是迟到的问题，老师们和小弓协商了惩罚措施：迟到多长时间，就额外加倍学习多长时间。"他也配合遵守了。"不交作业？先鼓励他写字。但小弓说，一年没学习了，拿不动笔。有的学校老师要是听到这种理由，恐怕会气得眼睛冒烟。十一学校的老师们真能控制情绪，大度宽容，他们竟然对那小子"网开一面"，为他定制了过程性评价标准：只要你写字，不管对不对，根据字数给分数。

协商，而不是命令或要求；耐心等待，而不是急切地说教灌输；逐步培养学生自主管理的能力，而不是越俎代庖。总的来说，孟老师和她的同事们就是这样去做的。"有时候会等待一两周，甚至更长的时间，但是真实地解决了问题。"孟老师说。学生不是迫于压力而屈服于老师的教育，即便受到处分也不影响对老师的亲近。

小弓又违纪了，且问题比较严重，造成了很坏的影响。年级决定严肃处理，给予他记大过处分，并且明确告知，若再违纪，等待他的将是留校察看、退学，希望他珍惜在学校的时光。这次处分对小弓的震动比较大，再加上家长的无奈和伤心，同学的侧目，他开始纠结、难过，行为慢慢开始向老师们希望的方向转变。

各科老师都给他补课。孟老师曾经看过一位老师呼唤小弓前来补课的微信，真是语重心长，令人动容："无论学习还是生活，你不弯下你的腰，别人就骑不上你的背。只要你不逃跑，脚下就是你踩出的大道。我有 70 多个学生，你总这样，让我很累。下午拿着做好的小条来补课，全班就差你一个，等待中……"纵是铁石心肠之人，面对老师们的耐心与爱心，也不会无动于衷。小弓竟然在老师开家长会开到很晚时，主动取老师们订的盒饭。年级举行成人礼时，他西装笔挺，看家长写给他的信时，他流下了眼泪。后来，他开始主动找老师请教问题了。

老师们也不失时机地表扬小弓。看到他不梳小辫，就夸他帅气；他做值日了，就夸他有责任心；他做作业了，就鼓励他有潜力；给老师做助手，就夸他有爱心，懂得感恩。后来，面对夸奖，他竟能谦虚地说："我做得还不够。"

这个曾经老是认为自己可以像小孩那样不用负责任的中学生，其形象在师生眼中逐渐变得高大起来。

回首往事，孟邻认为小弓能成功，年级的老师们"功不可没"：面对他的行为问题，毫不含糊，该教育时教育，有底线，有规矩，有态度，共同促成了他的转变。"这告诉我们，学校要发挥自己的教育功能，不要怕学生犯错误。"孟老师说。如果学生能在学校里把可能犯的错误都试过了，避免他步入社会犯下不可弥补的错误，那就是学校存在的价值。

小贴士

1. 与学生怎样打交道才能真正影响他们，是每一位老师都要面对的课题。

2. 面对犯错的学生，要先调查了解，弄清情况，避免上纲上线；要学会耐心等待，争取真正解决问题。

3. 改变学生，有时靠一位老师的力量不够，需要多位老师合力教育。

4. 学校存在的一大价值，是让学生试错，避免步入社会犯大错。

8. 不以教师身份向学生施压

一位女教师，为了让闹哄哄的教室安静下来以便开始上课，用投影仪的镜头对准大家，把乱糟糟的情况投在屏幕上，再严厉地批评几声，有什么问题吗？

下课后，一名男生走到老师面前，要求她向自己道歉，还理直气壮地说："老师，你批评我们乱是可以的，但你没有经过我的同意，把我的形象投到公共的屏幕上，侵犯了我的肖像权。"这打打闹闹违反纪律在先，老师批评在后，岂能道歉？但学生坚持他的诉求，并"威胁"老师："不然我就不上课。"

第二天，他果然没来。老师意识到了问题的严重性，主动去找学生，但倔强的男孩"态度很强硬"，把老师气哭了。委屈的女教师只好向经验丰富的教育顾问李亮求助。

教育顾问手握惩戒学生的权力，但是真要到了动用惩戒手段的时候，李亮会觉得很失败。他说，教育顾问管纪律不是为了管住学生。虽说总的目的是让年级井然有序，每个学生都遵守纪律，但工作方法是引导学生，"而不是检查和惩罚"。

李亮和那位学生进行了长谈，还从法律的角度列举了看似很有说服力的四点理由，来论证"老师没有必要向你道歉"。结果挨了学生的批评："李老师你不懂法啊!"这个固执又聪明的学生,紧紧咬住没有征得他同意就摄像这一点,认为老师没有权利那样做。李亮一时觉得心虚,回去后开始学习法律,觉得学生说的也有道理。于是,他去找那位女教师,说经过和学生的沟通、自己的研究,"感觉你的那个方式确实有点儿不恰当,应该对学生道个歉"。那位女教师噌地站了起来,一拍桌子说:"李老师,你要让我去道歉,把我逼急了,我就离开十一!"

李亮进退两难,有点儿苦恼,于是去请教校长。校长保持他一贯的风格,没有直接给答案,只是说了一个原则:"谁错了谁道歉,谁先错谁先道歉。"然后对一头雾水的李亮说:"你再研究研究。"

靠自己研读法律条文是不够了,李亮通过毕业生找到了中国政法大学的一位教授请教。教授态度很明确,老师使用投影仪的行为没有造成侵权,不违法。但是,"未成年人心理承受水平低,容易受到刺激和伤害,教师应当采用更为恰当的方式"。这让李亮老师想到学校行动纲要中的一句话:"师生关系的主导方在教师,评判方在学生。"这位对学生向来宽容的教育顾问认为,教育的效果,或者说教育方式恰当不恰当,应该由学生来判断,"如果学生感觉不舒服,甚至认为受到了伤害,那么我们就要向学生道歉"。

于是,他又一次找那位女教师,建议她用合适的方式(比如给这位学生讲讲题)先改善与那位学生的关系。那个男生缺课一次后,虽然还是走进了老师的课堂,但以趴在桌子上不听课的方式表达不满,等着老师向他道歉。这样的情绪和状态影响了他的学习。

过了一段时间后,李亮又去找学生,态度和蔼地说:"你提出的那个问题,法律上也没有定论。如果你认为老师真的侵权了,我替她向你道歉。"学生此时却像变了个人,表情轻松地说,不用道歉了,"老师前两天还给我讲了好几道题,我们都不纠结这个问题了"。

此事前后历时约一个月，结局皆大欢喜。令人欣慰的是，在这一过程中，两位老师没有急于解决问题，居高临下，以教师的身份说教，向学生施加压力。在这种平等、安全的氛围中，学生也能坚持自己的看法，而不用担心被老师另眼相看。他的不良情绪是在积极的沟通和老师的主动帮助中得以化解的。

李亮老师亲历的另一个案例，也说明了十一学校对学生能包容到何等程度。

一名高一学生，化学成绩较差，但对化学竞赛有着异常浓厚的兴趣，曾经放出豪言壮语，说未来要获诺贝尔奖。在考试失利的情况下，他依然"强烈地要求参加化学竞赛训练"，化学老师于是把他收进了二队。转眼到了高二，老师们分析他的成绩，建议他放弃竞赛。这名学生痴迷于化学竞赛，把普通的化学、物理、生物的学习都荒废了，但他不同意，"你们瞧不起人是吧？我肯定行"。他自信满满，还总去枣林村书院，一个学校为"奇才""怪才"提供特殊培养机制的地方，蹭课。

高二下学期的"五一"假期，学校的全国化学竞赛一队要去杭州集训，二队的这名男生本无资格参训，"但非得跟着人家去杭州集训不可，要参加全国竞赛"。马上要期中考试了，怎么办？几位教育顾问和年级主任王春易商量，决定满足他的要求。如果成绩好，能参加全国考试，也让他参加。为了不耽误他的期中考试，学校把试卷印出来密封，让带队老师带过去。他白天集训，晚上考试，老师再把试卷拍照传回学校。

结果可想而知，他未能获得参加全国竞赛的机会，主动选择回到普通班就读，"各科老师单独辅导他"。李亮说，学校花了快两年的时间才打消了他对化学竞赛的执念，还夸他"是一个有理想、有目标、有追求，也有点儿轴的孩子"。

小贴士

1. 教育顾问管纪律, 工作方法是引导, 而不是检查和惩罚。

2. 只有在平等、安全的氛围里, 坚持己见的学生才会有安全感, 不用担心被老师另眼相看。

3. 尊重选择、允许试错, 花了快两年时间老师们才打消了一位学生对化学竞赛的执念。

9. 当师生关系被破坏时，
要有及时沟通的勇气

　　由四名女生组成的小组在一次公开展示中表现欠佳，石绍湘老师当着其他同学的面批评了她们。尽管他没有具体指向某一个学生，但有一名女生反应比较激烈，她竟然在生气的老师面前笑了起来。这种异于常人的反应让石绍湘感到奇怪，他将女生的笑解读为"轻视"，"她认为这个事情不重要"，因而更加生气了。"你们应该更加认真地去做。"他加重了语气说。

　　这一次，石绍湘犯了一个大多数人容易出现的问题——假想束缚：被过往的经验或自己的猜想、假定所束缚，从而做出错误的判断。一些老师习惯先入为主，对学生的行为贴上不良标签，也是"假想束缚"所致。对此，美国管理学家肯·布兰佳（Ken Blanchard）称为"大象思维"：驯兽师在训练大象的时候，会用一根铁链将幼象的腿拴在固定在地里的桩子上。幼象想要离开，又拉又拽，但就是摆脱不了。于是它不再尝试，长大以后，它也认为自己摆脱不了。所以，驯兽师能用一根绳子拴在这样一头已经长到6吨重的大象腿上，它也不会挣断。

　　石绍湘后来才知道，女生发笑并不是有意冒犯自己，而恰恰是她面对老师批评不知所措的反应。此事成为师生关系的转折点。用石绍湘的话说，这名女生学习成绩特别优秀，之前与她沟通起来是有说有笑的，但此后"这个孩子就全记得我的坏，我一点儿好也没有了。我对她的关心、关爱，她都视而不见了"。更严重的是，他是在此事发生两个月后才意识到这一点的，而且还是年级主任李红玉老师告诉他的。

原来，从那一天开始，女生就很不愉快，有了巨大的心理压力。而压力的来源方石绍湘老师却蒙在鼓里，他一如既往地关心、支持她，没想到哪怕自己的一个普通、正向的表达都会被女生误读。石老师夸女生是一个成熟的人，对方则严肃地指出："老师，你不能说我成熟。"

更糟糕的是，事情传到女生的母亲那里，就变形得更厉害。她找到年级主任，说石绍湘老师多次在公开场合侮辱、诋毁孩子。听到这样的反馈，石老师差点儿惊出一身冷汗，这简直就是一个天大的误会。

十一学校的核心价值观中，有一条叫作"教育学首先是关系学，润滑关系以奠定教育的基础"。从女生的反应中，石绍湘得到的最大一点启发便是，当老师和学生的情感、关系遭到破坏后，老师的关爱可能也不会有教育效果。

那该怎么办？石绍湘选择保持和学生、家长沟通的勇气，无论自己多么生气或者被人误解。他提到学校行动纲要中的一句话 ——"师生关系的主导方在教师，判定方在学生"。他认为这是对师德最高、最严格的描述。原因有三：一是学生毕竟是未成年人，难免会误解老师的一片好心。二是没有完美的老师，老师面对学生时也会暴露自己在性格、脾气、价值观、处事方式等方面的问题。三是一个老师教那么多学生，不可能赢得每一个学生的喜爱与理解。尽管如此，对"师生关系的主导方在教师，判定方在学生"，石绍湘还是很认同的。"无论多么难，老师都要不断追求完美，都得竭尽全力去爱自己的学生，而且要因人而异地热爱。"

他说，"有的学生需要鼓励和赞美，有的则要严厉和批评。"

石老师认真想了想，打算这样与那位女生及其家长沟通：一定要和学生一起"把这个事情说开"，先听她把所有的委屈说出来，让她充分表达，乃至宣泄自己的情绪。"毕竟是我让人受委屈了"。也要让家长充分表达，她在没有与老师沟通的情况下，认为自己的孩子受了委屈，不管对错，做老师的都要理解。在母亲眼里，"孩子受了委屈是最重要的，你正确与否她并不在意"。以这两点为前提，石绍湘将会把更多的信息充分呈现给孩子与家长，以便让学生尽快从那种敌对的情绪中走出来。

"保持和学生及时沟通的勇气，这是我们关爱学生最基本的胸怀和技巧。"石绍湘说，在这件事情上，他"后知后觉，沟通晚了"。

小贴士

1. 假想束缚，是指被过往的经验或自己的猜想、假定所限制，从而做出错误判断。

2. 当师生关系被破坏时，老师正常的关心也可能被学生误读。

3. 无论多么难，老师都要竭尽全力去爱自己的学生，因人而异地热爱他们。

4. 保持和学生及时沟通的勇气，是关爱学生基本的胸怀和技巧。

10. 主导师生关系的是教师，但评判方是学生

　　一天深夜，正准备睡觉的赵藤子老师突然被一种恐惧笼罩。一位刚教一周左右的女生通过微信发给她一张自我伤害的照片。赵老师如同遭到雷劈，立即联系年级主任、学生的导师以及家长，直到凌晨一点多确认学生没事，她才沉沉睡去。

　　从这一天开始，赵藤子跟这个孩子有了一种"奇怪的关系"，"我们俩绑在一起了"。后来有老师问那位女生，为何选择给刚认识的赵老师发图片，她说自己也不知道为什么。但此后，她会把自己一系列负面的情绪都传递给赵藤子，而不和其他老师沟通。在赵老师眼里，这位学生敏感、脆弱、自负、多疑，非常喜欢哲学与心理学，觉得自己比同龄人看问题更深刻，没法和他们成为真正的朋友。

　　她选择向赵老师倾诉，表面看来是学生主动的结果，但实际上与下面这些因素密切相关。

　　赵藤子毕业于清华大学哲学系，主要研究中国哲学史、佛教哲学史、音乐美学等领域，与那名女生的喜好有关，两人可以探讨一些抽象的、本质的问题。共同的话题能够拉近师生的距离。

　　在众多学生眼里，赵老师是如同知心姐姐一样的"藤姐"。她的政治学科教室被学生公认为是"心灵的休息室"，身处其中会感到温暖、安

全、舒适。教师良好的公共形象，会有效降低学生的信任成本。

赵藤子在学生面前始终保持倾听者的身份。"我会坐在这里听，由她来说，这是很重要的。她说的过程，就是你不断认识她的过程。"倾听者的角色会让学生放松，从而展现更真实的自己。

她经常换位思考和复盘，把自己想象成这个年龄段的孩子（"我在十多岁的时候会想什么，是不是也有类似的举动？"），去理解他们的行为与动机。"如果这一步没做好，我们就会以一个老师的身份去理解学生，以一个成年人的视角去理解一个未成年人。"这对教师而言，是一个大挑战。当成为大人后，我们很容易忘记自己也曾经是孩子。

她认为记住每一个学生的名字非常关键。执教 9 个班近 200 名学生，她能在开学第一周就叫出所有人的名字，"也许还不能完全记住，但我呈现给学生的是我已经记住他了。他会觉得老师记住了我，我在老师心中是有地位的"。就像卡耐基在《人性的弱点》一书中所言，所有人对自己的名字，比对地球上所有其他的名字加起来还要感兴趣。"记住他人的名字，并且能在见面时轻易地叫出来，这等于给对方一个巧妙的赞美。"在学生看来，不能直呼自己的姓名，往往意味着教师对他的忽视。

她宽容学生，但绝不纵容不当的行为。她将这一点视为与学生沟通的基础。比如，那位发自我伤害照片的女生，有一段时间经常偷偷翻赵老师的抽屉，拿一些"高深"的书去看。赵老师会严肃但小心翼翼地"单刀直入"，告诉学生，这是不对的行为，触碰到了原则，侵犯了老师的隐私，这让老师感觉不高兴、不舒服。帮助学生明白是非，也是教师的职责。

赵藤子还帮这位女生养过小乌龟。这个敏感、脆弱的孩子非常害怕自己养的小乌龟被老师发现，被保洁阿姨扔掉，她战战兢兢地把它藏在自己的柜子里，却又担心小生命的安全。她每天早上六点多到校，几乎是全年级最早到校的学生，就是为了偷偷给乌龟换水再藏回柜子里去。赵藤子知道后，对学生说："把你的乌龟放在我这里，我来替你养。"她在惊讶中同意了，课间都会跑来看看小乌龟过得怎么样。

"在这个过程中，我也在不断地跟她建立一种关系。"赵老师说。尽管孩子的母亲每次见到赵藤子都会哭，说这孩子找不到生活的意义。这个女生也觉得自己是同学中的异类，多次想退学。但两年过去，赵藤子看到了她的成长。虽然她依然比较消极，但每有一点点的进步，如交了一个新朋友，都能得到赵老师的鼓励。"只要见面就跟她聊，也就是三言两语的一些对话，能够让我和她一直保持这样的关系。"

学校的行动纲要里有这样一句话："师生关系的主导方在教师，判定方在学生。"赵藤子特别认同这一点。她说，师生关系的建立是教师应该主动去承担的，只有当学生认为他跟老师关系很好的时候，这种师生关系才是真正良好的关系。"孩子们是非常敏感、敏锐的，他们能看清老师的真实想法。要坦诚相待，也要排除万难与学生接触。"她提醒说，"当他们问老师'你有时间吗'时，一定要腾出时间来，因为机会难得，错过今天可能就没有了。"

小贴士

1. 与学生建立良好关系的策略，包括寻找共同的话题、树立教师良好的公共形象、做倾听者、换位思考和复盘、记住每一位学生的名字、宽容但不纵容。

2. 叫不上来学生的姓名，往往意味着教师对他的忽视。

3. 当学生向你寻求帮助时，一定要腾出时间来，因为机会难得。

4. 只有当学生认为他和老师关系很好的时候，这种师生关系才是真正良好的关系。

第四辑
培养有想法的学生

李希贵校长曾经提炼过一个"母校养成模型"，认为一所学校要真正成为毕业生的母校，需要有四样东西：想念的老师（师生关系）、美好记忆的载体（博物馆、一草一木等）、同伴聚会的场所（校友婚庆大厅等）、继续成长的启迪（文化与故事）。对王晨瑀来说，这些他都不缺。

1. 不育人就没法教书

十一学校取消行政班和班主任后，原本主要由班主任承担的育人重任落在了每一个任课教师的肩上。在全员育人的氛围下，从学科教学走向学科教育，也就成了必经之路，以至于老师们中间流行一句话："不育人就没法教书了。"

从学科教学到学科教育，一字之差，却可能引发巨变，它意味着学校的一大顽疾有望得以化解：任课教师由之前的主要关注分数，转变为超越分数，"自觉肩负起立德树人的神圣使命，关注学生的内心情感，为学生的成长提供帮助和指导"。

学科教学与学科教育之间到底有何区别与关联？对那些从传统学校走过来的老师而言，这并不是一道容易回答的问题。即便优秀如王春易，这位33岁成为特级教师，"在课堂上出神入化，在生物学的世界里如鱼得水，在同行的眼里成功完美的人物"，对这个问题的理解也经历了好几个阶段。在她出版的《从学科教学走向学科教育》一书中，她披露了这段心路历程。

最初，王春易认为，学科教学和学科教育是一回事，"提到教书育人，教师不就是教书吗？育人怎么育，我没有清晰的概念，也没有有意识地去做过"。她认为，只要自己品行端正，给学生正面的影响，就是在育人。这种观点应该与大多数教师的想法不谋而合，师范院校里大写的"身正为范"不就是这个意思吗？随着教改的推进，她对教育的理解有了变化，开始思考学科教学除了教知识外，还能渗透学科思想、学科理念。但在这一阶段她"还是把教育理解在教学的范畴"。

到2012年，王春易已成为十一学校转型过程中的标志性人物之一。她的转变是在重新理解学科教学、学科教育的过程中发生的。此时她已经认识到并确信，教书育人的落脚点是育人。为了实现这一目标，"才进行课程的选择，才优化课堂组织的方式。开展什么样的活动，如何评价学生，怎么引导，最终目的都在育人上"。她一旦这样来看就发现，学科知识本身在整个育人中所占的地位就没那么重要了。作为生物老师，王春易的育人目标不再是让学生考多少分，而是有关生活与生命，学习力与合作精神，动手能力与质疑能力。

学校化学竞赛总教练孙龙，对学科教育的理解，与王春易有异曲同工之妙。他希望提供能伴随学生一生的对世界的认识，特别是从化学角度认知世界的方法。也就是说，当学生离开课堂，离开考试后，也能从中学的化学教育中受益。他举例说，未来如何科学、正确地服用药物，如何避免购物时支付"智商税"，如何在工作中运用化学的研究方法，这些都与化学教育有关。

孙龙尽量让学生所学与生活联系起来。比如，对牛奶中蛋白质含量进行分析，让学生学会看牛奶包装袋上的营养成分表。讲到沉淀溶解平衡的时候，他告诉大家，为什么关节着凉容易引发痛风。

从高二开始，化学竞赛班就以学生讲课、讨论为主。讲课的同学像老师备课一样，提前准备好学案和上课用的课件，在上课前几天把这些材料发给孙龙老师把关。他会"逼着每一个学生去做这件事"，不仅仅因为讲给别人听是极好的学习方式，也是希望锻炼他们当众表达的能力：如何组织自己的语言，如何呈现自己的逻辑，如何面对同学的质疑，等等。而对普通化学班的学生，他会用提问的方式去观察、训练他们的思维和表达，"按照顺序，点对点地提问，谁也跑不了，差不多每两节课就能把班上的学生叫一遍"。

不是把人训练成做题的机器，而是要帮助学生成为完整的人，已经成为十一学校全体教师的共识。和孙龙同一年入职的数学教师张浩，认为枯燥地教知识"没有意思"。他选择当老师，是因为除了教书还能育人。和孙龙一样，他在课堂上会尽量让抽象的数学与鲜活的生活结合起来。他希望学生懂得如何去学数学，学了数学以后有什么用。"每做一道题，我都会带着他们去想：要解决这个问题，最关键的是要考虑哪些事情。让他们慢慢地养成思考习惯。"在张浩看来，抽象几乎是数学学科中最重要的素养，"它可以教我们如何把问题的枝杈先去掉"。经历这样的数学教育，应该就可以避免出现这种情况：一次，某个微信群聊起高考，一人说："我当年高考数学 140 多分，但我觉得数学对我的生活来说，没什么用。"

2013 年，也就是在张浩、孙龙入职的前一年，十一学校制定了《学科德育纲要》，要求把德育渗透于学科教学过程中，并确立了几大原则。一是体现学科特点。利用不同学科知识的独特内涵培养学生健全的人格、积极的人生态度和高尚的道德情操。二是体现差异性原则。尊重不同学科、不同教学内容、不同年龄段学生的特点。三是正确处理学科知识与学科德育的关系。不能搞形式主义和贴标签，避免为了德育而德育。四是从课程设置、课程实施到课程评价，系统思考，整体设计。五是突出重视教师的作用，言传身教，润物无声。

以语文学科为例，它要通过培养学生的听说读写能力，丰富学生的情感，提高学生的思想境界，陶冶其情操，增强其思维能力，传承人类文明。为此，语文老师们要依托课堂、作业、文本解读、读写训练等渠道和方式，围绕感恩与悲悯、欣赏与接纳、善良与真诚、自知与敬畏、理性与沟通等几大主题，开展语文学科教育。

小贴士

1. 要实现全员育人，必须从学科教学走向学科教育。

2. 从学科教学到学科教育，要理解这一字之差，也殊为不易。

3. 生物老师的育人目标不再是分数，而是有关生活与生命，学习力与合作精神，动手能力与质疑能力。

4. 化学教育的价值在于提供伴随学生一生的对世界的认识，以及从化学角度认知世界的方法。

5. 十一学校制定了《学科德育纲要》，按照五大原则把德育渗透于学科教学之中。

2. 成就学生终身学习力

　　语文老师闫存林在一篇公开发表的文章中，举了一个单元学习的例子，从中我们可以感受十一学校正在发生怎样的学习革命。

　　单元学习主题为古代的经典祭文，包括韩愈的《祭十二郎文》、欧阳修的《祭石曼卿文》等。一位老师，可以像传统教学那样一篇一篇去讲解，或者进一步设计，引导学生进行文本比较。但闫存林认为，这样的学习，学生终归是被动的，只是按部就班地在教师的引导下去学习文本。

　　2016年，"基于标准的学习"（这里的"标准"指的是国家颁布的课程标准），成为十一学校的新战略重点，从而开启了从教到学的艰难探索。三年后，学校通过教代会讨论，将"从教到学"作为关键成功因素，写进了《北京市十一学校行动纲要》。《普通高中语文课程标准（2017年版）》成为闫存林和几位同事设计这一单元主题学习的重要依据。他们从中找到的关键词，如"自觉整理""主动积累、梳理""历史眼光""现代观念""比较分析"等，无不指向学生的学习主动性以及思维能力的培养。

　　几位语文老师商定，以写作的方式实现有目的地阅读经典祭文，请学生写一篇祭文。"给曹操写吧！"在讨论中，一位老师说道，"曹操的祭日快到了。"他们原本想让学生给老师写祭文，因为这会让大家更有学习的兴趣，但考虑到会有老师不愿意而作罢。于是，这个单元学习的核心任务得以确定：请阅读完《三国志·武帝纪》以及曹操的代表诗文，并结合当代人张作耀的《曹操传》，深入了解曹操，在其祭日来临之际为他写作一篇祭文。

他们还确定了学习目标——通过本单元的学习，能够从特定角度对历史人物做出合乎逻辑的评价，以及核心问题——伟大人物是如何影响历史的。闫存林说，在核心任务的驱动下，学生设计好自我学习规划，按照各自的学习路径进入学习。在这一过程中，教师会辅以具有阶梯性质的子任务以及完成祭文的写作量规。老师们需要为这种学习提供丰富的、必要的资源支持。

就像学生李鹤瑶所言，这种自主式单元学习，"不像传统的学习方式那样，先学知识再去解决问题"，而是带着核心任务、核心问题去学习，围绕问题寻求解决方案。这改变了传统学习的流程和结构，使得学习如同登山，有目标、有挑战、有乐趣、有可选的路径。

新的学习方式，让李鹤瑶遇到了一些障碍。比如，把握不好单元学习的节奏，无法合理安排时间完成任务；对任务书的理解常常出现偏差，等等。但伴随挑战的，是能力的显著提升："大量阅读拓宽了思维的深度与广度，小组分工锻炼了团队协作能力，成果展示环节增强了语言表达能力……"

如何激发学生学习的内动力，是教育界永恒的主题与难题，也是十一学校从教到学的探索重点。这没有一劳永逸的解决方案。

高二生物备课组有一次要设计《植物的"生存智慧"》单元学习，在第一次集中讨论时，老师们设计了核心任务——通过小组完成穿心莲培育的四个任务，了解植物的生存智慧、调节机理。但他们感觉核心任务不足以解决核心问题。"穿心莲的培育毕竟离学生生活体验较远,难以启动学生学习的自我系统。"生物老师夏静在一篇文章中反思道。

能否开启学生的自我系统,是老师们在设计学习任务时要反复追问的。用课程研究院院长刘伟的话说,这通常与学生在学习之前要思考的三个问题有关:这个东西我感不感兴趣?这个东西重不重要?这个东西我能不能学会?"学生的自我系统就像个开关,如果对这三个问题的回答是否定的,那么还没开始一切就已经结束了。"刘伟说,"因此,任务设计需要结合学生的经验、已有的知识与兴趣。"

陷入困境的生物老师们再次集体研讨备课时,学校总务处主任打来了求助电话,说在高中楼和教工食堂之间的两棵桃树落果严重,该怎么办。这让老师们眼前一亮,感觉一个真实、有趣的学习任务从天而降。最终,他们制定的核心任务是写作以"拯救那棵桃树,还原校园生态"为主题的研究报告。学生由此焕发的学习热情与主动性让夏静老师感到惊讶,她说:"这种基于真实情境的核心任务更容易开启学生学习的自我系统。"

一位叫梁奔的同学,在一个月里完成了现场勘察取样、实验室探究、资料收集比对、文献阅读与梳理、论文写作等研究任务,在思路中断时的迷茫与问题突破的快乐中,写成了5000多字的研究报告。

2007年10月以来,十一学校的改革与发展经历了"组织驱动"与"课程驱动"两个阶段,在2017年进入"学习驱动"阶段——从教到学,志在成就学生的终身学习力。朱则光、周志英、张卫锋、陈纹珊等一大批老师开始研究学生的学习路径、学习特点。他们雄心勃勃,想要弄清楚每一个具体的学生究竟是怎样学习的,以便提供相应的、有效的支持。

他们发现，两个学生一样的语文成绩背后，藏着不同的学习密码。老师们研究他们的学习内容、时间安排、课堂笔记、作业质量、学习方法、学习习惯、解决问题的途径、老师家长评价及自我评价等方面，发现一位同学缺乏扎实落实的结果，但有深度思维的过程，善于质疑求解。老师建议他"培养好的学习习惯"。而另一位同学恰恰相反：有扎实落实的结果，但无深度思维的过程，需要解决思维品质问题。老师建议她给同学"辅导"作业 —— 讲给别人听是最好的学习方式之一。

有意思的是，在对2012级高一学生的调查中，老师们发现，学生遇到疑难问题时，与同学交流的比例已高于向老师求助的比例。同伴互助成为重要的学习方式。还真有一位学生，在未求助老师的情况下，在不到一年的时间里成绩"突飞猛进"，原因是有一位每天帮他辅导功课的好朋友。

小贴士

1. 应从国家课程标准当中寻找设计单元主题学习的重要依据。

2. 在核心任务、学习目标的驱动下，学习如同登山，有挑战，有乐趣，有多种路径。

3. 学习任务能否开启学生的自我系统，与三个问题有关：感不感兴趣？重不重要？能不能学会？

4. 两个学生一样的语文成绩背后，藏着不同的学习密码，对他们的反馈、支持也不一样。

5. 应让同伴互助成为重要的学习方式。

3. 把打碎的"多肉"设计成真实的学习

　　小学段的一天，杨静回到教室，发现一盆心爱的多肉植物被打碎了。散落的花和土被扫进了簸箕，放在她的工位旁。这盆多肉对杨静而言，有着特殊的意义。那是毕业生回来看她时送的，临走他们还嘱咐老师"帮我们照顾好这盆多肉，我们每年都想回来看你。如果不能回来的话，就让这盆多肉陪着你"。

　　"谁把我的多肉给打碎了？"杨静很伤心，问教室里那些初一年级的新生们。她还发了一条朋友圈，希望有同学能主动过来说一声。但一周过去了，两周过去了，杨老师期待的人始终没有出现。这件事情如果发生在以前，学校还没有倡导从学科教学走向学科教育的时候，杨静顶多就是抱怨学生几句"没有责任心""不敢主动承认错误"之类，也就让事情过去了。但现在，杨老师决定"小题大做"。

　　十一学校的老师不会只有一种身份，像杨静，既是心理咨询师和主任导师，还是初中年级的道德与法治教师。这样的多重身份集于一身，让一位老师能从不同视角观察、思考、体验教育，有利于老师担负起"全员育人"的责任。当时，她执教的道德与法治课内容正好与"师生交往"有关，于是她就把这件事做成了课堂案例，讲述了她当时的心理感受，请同学们探讨：如果是你打碎的，你会怎么办？她试图借机更好地引导学生要敢于承担自己的错误。

这是一次集体备课，多位老师在自己的课堂上用了同一个案例，效果在一位董老师的班上得以体现。课上，一名男生鼓起勇气站了起来，说花盆是他打碎的，这引起了全班小小的震动。在这堂课上，他才知道那盆多肉之于杨静老师的重大意义。在董老师的陪同下，他找到杨静老师做了"非常诚恳的道歉"。后来，这名学生还给杨老师写了一封致歉信，信中说，"多肉"是他和另一位同学打碎的，他们曾经两次约好一起向杨老师承认错误，但那位同学都没有如约而至，留下他在教室门口徘徊，然后离开。他缺乏独自一人面对老师的勇气。

另一名学生一直没有来找杨老师，直到有一天他们俩在电梯里遇见。孩子在慌乱和紧张中承认了事实，并对老师说了"对不起"。杨老师告诉他，从主动承认错误的勇气来看，她更欣赏前一个男孩，但理解这个孩子的为难之处，"他也许不知道多肉对我来说有什么意义"，希望学生以后遇到类似的事情，知道正确地去沟通，去处理。

"多肉"事件的后续故事，在隐去学生的姓名后，也作为教学素材进入了课堂。后来，这个案例还被改造成试题，放在了期末考试中。主动承认错误的那名男生看到题目后，觉得"特别有东西可写，把课上讲到的沟通艺术淋漓尽致地体现了"，拿到了满分。

"多肉"故事引起的连锁反应，并没有随着考试的结束而结束。期末，生物老师把多肉植物作为奖品发给学生们，结果道德与法治老师杨静收到了不少学生送来的多肉。他们也希望杨老师能好好照顾"多肉"，因为他们想延续学长们对老师的情谊。这些"多肉"如今还在杨老师教室里的窗台上，展现着它们的多姿多彩。

杨静在备课中越来越注重选择这种真实的案例和素材，它们更能引发学生的参与和共鸣，发挥更好的育人效果。她收到一个快递，盒子里面的东西却不翼而飞，她花了两周时间维权，和快递公司"斗智斗勇"，最终使对方承认了失职，向她道歉和赔偿。杨老师把这个案例也做成了教学素材，和同学们讨论，遇到这样的事，是自认倒霉还是依法维权？有哪些维权的方式和手段？大家讨论特别充分，还调侃老师说："会不会又把这个案例变成期末考试的一道题？"

一位学生受这堂课的鼓励和启发，还真学以致用，帮奶奶成功维权。她的奶奶按照电视上的广告买了一瓶染发剂，使用后却无法染黑头发，她就想起了杨老师的案例。

学习"民主参与"时，学生会关注新一届的选举，问自己的爸妈有没有去投票。要讲"创新"了，老师们会先去一些公司参观学习，看他们是如何创新的，回来再讲给学生听。杨静说，要让他们相信道德与法治课不是心灵鸡汤，而是真的对人生有价值，"这些真实的案例比你说多少遍都更管用"。

小贴士

1. 一盆象征师生情谊的"多肉"被学生打碎，老师决定"小题大做"，而不像过去那样轻易放过。

2. "多肉"事件成为课堂案例和期末考试试题，有效发挥了教育的功能，引发连锁反应。

3. 真实的学习案例，能引发学生的参与和共鸣，比老师反复说教多少遍都管用。

4. 有学生受课堂的鼓励与启发，学以致用，帮助奶奶成功维权。

4. 安全感，从领录取通知书时开始

2021 年 8 月 1 日，杜文第一次来到十一学校时，对它几乎一无所知。她的心情就像那天穿的粉色 T 恤一样鲜明，交织着紧张、兴奋，以及"梦想实现了的喜悦和不真实的感觉"。杜文因为"校额到校"而获得进入十一学校的机会，是她所在初中学校的唯一一位。她在新学校走了一圈，就被它深深震撼、吸引了，之前的焦虑、不安被一扫而空，"对即将开始的高中生活也不那么害怕了"。

这一天，她来学校领录取通知书，原本以为会像去了其他高中的初中同学那样，在学校某个地方拿到录取通知书就完事了。没想到，迎接她的是一门叫作"起始年级适应期"的课程，年级依托学部咨询师开发的一系列活动。当然，杜文并不知道这是一门课，她带着一点儿紧张，但更多的是开心，在一个又一个的活动中完成了自己对高中学校第一印象的构建。

杜文经过校门附近那标志性的建筑，此时她还不知道那三个外圆内方的东西寓意着学校对她们的期待和承诺：要把她们培养成志远意诚、思方行圆的杰出人才。一位高年级的志愿者请她止步，"在这里等一下"，随后她接到任务：和另外三名新生组成小团队，完成系列任务后，才能拿到通知书。杜文感到"特别新奇"，但又紧张起来。好在他们四人只用了两分钟就互相熟悉了。这得益于志愿者提供的小工具——一张卡片。按照卡片上的提示，他们需要互相认识，知道彼此的姓名、初中毕业学校、个人爱好，等等。志愿者从四人当中随机点了一位同学，请她说出了解到的其他三个同学的信息，杜文恰好被抽中，"特别紧张"，结果说错了一个同学的名字。

第二关是闯食堂。在这个被十一人戏称为"主要学习，顺便吃饭"的地方，新生们需要写下自己选择十一学校的理由。杜文看了看贴在板上的琳琅满目的纸条，理由有校园环境好、对学校的教育教学理念很感兴趣、有自由的氛围、能感受到许多其他学校没有的东西，等等。杜文看到同学们写得最多的是"十一是一个特别酷的学校"。当然，也少不了"十一学校的饭菜好吃"。她写下的理由正是这一条。杜文在初中学校吃了三年"外卖"（学校面积小，没有食堂，由第三方公司送饭），看到十一学校的食堂，"直接震惊了"，"这里简直就是天堂嘛"。

杜文所在的小团队中，有一位初中就读于十一学校的女生，她成了大家热情的导游。那天走过的各个地方，杜文最感兴趣的是校服体验中心。几十、上百种款式各样的校服，洋溢着青春活力，这表明这所学校十分尊重学生的个性和丰富多样的选择，也完全颠覆了杜文对校服的认知。她发出了"哇"的惊叹。

在校园里走了一圈，杜文还遇到一面特别大的签名墙，看到了新生千姿百态的签名。当时杜文并没有多少感觉，上了一段时间的课之后，她翻看那一天拍的照片，发现签名墙上85%的人自己现在竟然都认识了，"这种感觉很奇妙"。她原本一直认为，记人名、识人脸对自己是特别大的挑战，没想到因为选课走班，参加各种社团活动，"不停地加微信加微信"，认识的朋友突然变得很多。

为领取录取通知书而完成的系列活动，让杜文对十一学校有了一种"特殊的认识"。她一改之前的焦虑不安，更多地期待新学校的新生活。作为一名校额到校的新生，她曾担心自己的分数比别人低一些，会遭遇歧视，会特别孤单，却发现"大家都特别包容、特别友好"。她后来带着开心和骄傲，向初中的老师和同学介绍"我的学校"，收获了很多赞美和羡慕的眼神。

从杜文的感受来看，起始年级适应期课程的目标算是达到了：让新生觉得这是一个安全的、开放包容的地方，能够更自信地、更好地融入新的环境。据这门课程的主持人杨小斌老师介绍，这几年，进入十一学校高中部的学生结构在发生变化，其中经过校额到校来的学生比例不断提升，2021年已经达到160人。"这体现了学校在承担更多的社会责任，让优质的教育资源惠及更多的学生。"杨小斌说。但他们也面临一个挑战，即如何帮助那些学习能力、学习基础不同的孩子，更快地适应十一学校的学习生活，这就有了起始年级适应期课程的创设。

领取录取通知书的系列任务，只是这门课程的开端。接下来还有学情调查和"萌新打卡"等活动。学情调查关注学生的心情、交友、担心的问题等方面，再由咨询师根据调查结果在入学教育中对新生做说明。杨小斌老师解释，这样做的价值在于让学生了解，经历最初的惊喜后，有一些焦虑是正常的现象，希望大家能正确看待这种压力。同时，向新生发出信号，表明老师们已经观察到这种情况，随时可以帮助大家。

"萌新打卡"设计了11项任务，将持续一个学段约两个月。比如，主动找老师答疑一次，跟陌生同学聊天，认识一位高年级的学长，参加一次社团活动，在图书馆借一本书……完成这些任务的同学，会得到小奖励。奖品通常是印有十一学校标识的文创产品。杨小斌认为，没有办法也没有必要去监督学生完成了多少项任务，即便一项不做却全部画上钩儿，愿意去领奖品就去领吧，"这体现的是年级对他的信任"。

在此后三年，乃至更长的岁月里，他们的成长，会持续受益于这种信任和安全感。

小贴士

1. 可以把发放录取通知书设计成一门学生体验课程。

2. 校服体验中心里上百种各样的校服，表明这所学校十分尊重学生的个性和选择。

3. 选课走班、参加各种社团，可以让学生们快速熟悉彼此。

4. "起始年级适应期"课程还包括学情调查、"萌新打卡"等，目的是让新生安全、自信地融入新环境。

5. 小学段：把更多选择的机会还给学生

十一学校有一项创举，它把每个学期分成了三个学段，其中一个叫作"小学段"。连续两周的时间，全部交给学生自主使用，去做自己想做的、需要做的事。老师们不上课，也不安排统一的学习内容。

一位名叫尹凯萱的高一学生，在 2021 年下半年那个"难忘而快乐的小学段"中收获颇多。她认为自己的规划能力得到了很大提升。"每天完全空白，需要由自己规划每节课、每段时间用来做什么，依据自己的作业量和学习习惯，进行预习、复习和作业的安排。最重要的是对上一学段学习过程中出现的问题进行反思与总结，以促进下一学段更好地学习。"她有更充足的时间参与自己感兴趣的活动，比如，筹备小学段趣味运动会，参加语文和数学的学科活动，以及"学长有约"。和同伴们一起去运动，睡一个懒觉，这样的休闲放松在小学段也是必不可少的。

总是笑眯眯的何永德老师，在教地理之余还兼任小学段项目主管。在那两周里，他每天巡视，去各个教室走一走，看一看，"那种百花齐放的状态，谁看谁都感动"。有的在看语文，有的在做数学，有的捧着一本小说在读，有的在练字……"什么样的学习活动都有。"而在教室外，有运动的，练琴的，参加各种社团的，还有一些同学联系了大学去做高端项目的实验。

经过此前连续两个月的紧张学习，同学们迎来了自由的两周。有人会制订一个"完美的学习计划"，然后在执行过程中发现给自己安排的任务过多，根本无法完成，于是重新思考小学段之于自己的作用，做出调整：减少做作业的时间，更多地拓展课外知识。

有的同学一开始动力十足，但几天后就陷入疲倦和迷茫之中。还有的同学会像刘佳琪那样先"尽情畅享"属于自己的时间，然后等待下一次的"洗心革面"。佳琪的第一个小学段几乎是在睡觉、玩耍和看时尚杂志、《故事会》中度过的，最后收获了"于心不安"。在下个学期的小学段中，刘佳琪吸取教训，表现就很不一样了：预习了下一个学段的6门课程，啃完了《百年孤独》，完成了研究性论文《论20世纪90年代的颓废主义文学》。如今的刘佳琪，硕士毕业后回到母校任教。

"让学生完全自主，有一段集中的、能灵活利用的时间，他们就会发现自己隐藏的一些问题和潜在的能力。"何永德说。

十一学校把更多的选择机会交还给学生，目的之一就是要培养能让他们终生受益的规划能力，这也是开展"小学段"的一大初衷。

要过好这两周，同学们需要"瞻前顾后"，对上一个大学段的学习情况进行反思，明确自己的优势与不足，再针对性地查漏补缺或预习，为下一个大学段排除障碍、养精蓄锐。在小学段开始前一周，学生会向导师提交规划表，其中写明每一天的上午和下午，将被分成几个时段，分别用来干什么，要做哪些准备。然后，听一听导师的意见。对起始年级的学生，尤其是从外校进入十一学校，自主规划能力还比较弱的，导师们会提供具体的建议，以避免他们无所事事或者稀里糊涂地度过小学段。

在这两周里，老师们不但不能闲着，用何永德的话说，"比平时上课还要辛苦"。他们会利用这段难得的整块时间，开展年级的学情诊断、教研活动；以备课组为单位开设小学段援助课程、拓展课程、学法指导讲座；找学生一对一谈心，听取同学们的研究性学习汇报。老师们也会像往常一样，每天下午16：20分坐在学科教室里，等着为同学们答疑解惑。长达两周的自主学习对同学们也是挑战，甚至比集中上课还要耗费心力。期间，导师至少要召集同学们见三次面，一起交流，互相启发。

十一学校最初提出小学段的构想时，不少老师内心是抵触和担心的。"越负责任的老师，这种情绪越明显"，他们担心学生会把时间浪费了；而且，平时大家就觉得课时紧张，现在还要拿出两周的时间不上课，岂不是雪上加霜？殊不知，小学段的设计还藏着学校管理者的一个动机："逼迫"各学科教师在减时不减量的情况下，创新教与学的方式，向课堂要效率，不给加课时、拼时间、加重学生负担的做法留空间。

有一些老师在小学段悄悄地留作业，或者以半提醒半警告的口吻对学生说："小学段之后，我要考试啊。"留作业这样的事，何永德也干过，但后来他改变了看法，认为还是应该让学生自主，只在他们遇到问题时再去指导。

何老师为自己的同事们点赞，称大家面对小学段这样的新事物，都能适应潮流，"那种顽固的、我行我素不改变的，在我的视野里没有看到"。他引用那句一直在影响中国人的名言说："实践是检验真理的唯一标准。"经过一年又一年，小学段的效果很明显，"我从内心里非常赞同。向外面的朋友介绍十一学校的育人模式时，我一定会说到小学段，这个经验太宝贵了。"

小贴士

1. 把每个学期分成3个学段，中间是连续两周的小学段，由学生们自主安排。

2. 小学段期间，学生展现出百花齐放的学习状态。

3. 开设小学段的目的之一，是培养学生的规划能力。两周的自主时间会暴露出学生潜在的问题和能力。

4. 小学段期间，老师们以提供建议、开设讲座、召集会议、一对一交流等方式帮助和影响学生。

5. 有老师最初担心学生浪费时间，会悄悄留作业。小学段会迫使教师向课堂要效率，而非拼时间。

6.职业考察，让学生有方向地去努力

每次历时半天到一天的职业考察课程，能对学生产生什么影响？如果考虑到这类课程已连续开设十几年，每两三周推出一期，学生可反复选报，覆盖了众多行业，那它的影响不容小觑。

高二学生刘宜霖参加了多次职业考察课程，去保利集团了解拍卖师的工作，去中央气象台解密气象播报员和气象监测，去首钢集团近距离接触炼钢炼铁技术人员，去北京植物园观察高端的植物研究……他对此很满意，说以后还要继续报名参加。

通过几次职业考察，刘宜霖发现了自己感兴趣的但其实并不适合自己的工作。他在高一选科时选择了物理、化学、生物组合，但那主要是父母的规划。他的父亲学的医学，希望将来有一天子承父业。有意思的是，刘宜霖选择职业考察课程的一个动机，恰恰是希望摆脱父母的主张，自己去发掘兴趣，而不是完全听从大人们的安排。巧的是，通过职业考察，刘宜霖发现父母没有看走眼，他选择的科目能支撑起未来的专业方向。

这几次考察中，对刘宜霖最有启发和帮助的，是在北京植物园。在那里，他和同学们听生物科学家们介绍专业知识，了解了一些植物对科学研究的意义。他们还动手做了与转基因有关的实验，通过倍数非常高的显微镜去看叶片保卫细胞的不利变异。这样的体验，让刘宜霖了解了高端的生物学研究"是通过什么样的手段去做怎样的事情"，他很受震撼，也欣喜地发现生物"至少是我的兴趣所在"。

而去中央气象台的那一次，"虽然挺有意思，但感觉那种工作不适合我"。24 小时监控某一个地区的气象，在刘宜霖看来有些枯燥，变化不够有趣，需要的技术也没有生物领域那么震撼。"它在本质上更需要的是刻苦精神"，而刘宜霖希望能拥有高端的、创造性的能力。

职业考察课程把学生们对某项职业的想象，变成了可感可触的现实。他们每到一处，从专业人员耐心的讲座、回答中收获新知，在观察、体验中审视自我。2018 年 5 月 4 日，他们去外交部与新闻发言人交流，还参观了外交部的博物馆，旁听了真实的中外记者会。

通过这种考察，一位初二年级的同学像刘宜霖一样，发现"这并不是一个可以任由我想象，给情感思维以翅膀的职业"。有位高一的同学改变了对房地产公司的理解，说不管以后从事什么职业，都不会忘记这次职业考察，因为"学会了一种思维，一种经济头脑，一种每种职业都必备的素养"。

匹配这种满意度的，是学校用心的设计。潘从红老师曾任十一学校职业考察课程主管，带队走访过 50 多家单位。他说，职业考察不是简单的参观和开阔视野，但十几年前刚启动时"做得不太正规"，经常带同学们去参观一些博物馆，或者在一些单位"溜达溜达"。后来，他们落实了职业考察的主要定位：不仅仅是一次活动，更重要的是让学生了解各种职业，及早树立职业理想，有方向性地去努力。

围绕这个定位，学校老师和考察单位一起备课，设计完整的职业考察方案、课程任务单。每次考察结束后，同学们需要写一份不少于 400 字的总结。

对一些特别受学生喜欢的单位，学校会建立职业考察基地，"只要有机会就可以去"。考察后还想深度了解的同学，学校也为他们提供职业体验的机会。比如，有同学想做医生，便可在寒暑假跟着某位医生工作一两周。

潘从红说，通过职业考察和体验，对自己的职业发展方向，学生也许会开始思考和寻找，也许会确定，也许会调整。不管哪一种，对学生而言，都是宝贵的收获。

在十一学校，为学生播撒职业理想的种子，是一件持续的、多角度进行的事情。每个年级有多位咨询师负责学生的学业与职业规划，不断有校友、各行各业的精英走进学校交流。每隔一段时间，校园里就会出现"你距离这个位置有多远"的职业素养海报，提醒学生要经过怎样的努力才可能成为理想行业中的精英。

校长也把自己参加的一些重要社会活动，变成了助力学生职业规划的资源。他带着爱好国学的学生与国学大师面对面；带着学校"模拟联合国"的秘书长和"模拟联合国教科文组织"总干事与真正的联合国教科文组织总干事见面交流，合影留念；带着学校金帆乐团的优秀成员参加教育部的新春音乐会，与教育部长交谈，还在演出结束后去后台见一位著名的小提琴家。学生们兴奋之际，对校长表态："我们不会让您失望。"

小贴士

1. 职业考察课程把学生们对某项职业的想象，变成了可感可触的现实。

2. 职业考察的主要定位，是让学生了解各种职业，及早树立职业理想，有方向地去努力。

3. 为学生播撒职业理想的种子，需要持续、多角度地去做。如开展学业与职业规划，邀请校友、行业精英交流。

4. 校长把自己参加的一些重要社会活动，变成了助力学生职业规划的资源。

7. 设立多种多样的奖学金，
培养有想法的学生

22 个人（团队）申报了首届溪流奖学金，最终有 4 个人（团队）脱颖而出。

其中一个获奖团队出于环保考虑，寻求皮草替代品。经过三个月的文献阅读与讨论，他们研发了一种基于细菌纤维素和蛋白修饰制作环保人造皮革的新方法，采用的菌株以酒糟等厨余垃圾为原材料。另一位获奖的丁怡同学，发现每年文化日、狂欢节活动，学校花钱购买、制作的服装在活动后"散落在各处，不再有用武之地，造成巨大浪费"，于是策划、推动了服装共享中心的建立。

十一学校的奖学金多达几十种，设立者除了学校，还有企业家、校友和在校学生。溪流奖学金是其中的新成员，2020 年，由一位企业家委托 2015 届毕业生刘毅伦设立，旨在鼓励有想法、有创意，并能够将其落地的学生。

提起刘毅伦，便不能不说他与十一学校校服的故事。他曾连续 3 年获得校长奖学金，都和校服有关。第一次是举办新校服发布会，向全校师生传播新校服设计理念，帮助解决校服发放难题。第二次则更大胆，他创立校服文化中心，从设想到选址、设计、购买建材、装修等，均由他和一位同学做主。第三次是提交校服售卖升级方案，以"校内体验，线上选购，送货到家"的形式，向同学们提供更加便捷的购买体验。

刘毅伦在高一时提交的校服管理建议，曾让校长点赞并致歉，他将这位同学的建议转给有关老师时写道："刘毅伦的建议很好。如此一件事关学生生活的大事，一直解决不好，我向学生和家长道歉。"

刘毅伦若干年前，从外地来到北京上小学，曾遭到其他同学的排挤，这个阴影伴随他多年，上中学后，还是"一打电话就结巴"。十一学校鼓励并支持每一位同学将自己的想法付诸实践，这给了刘毅伦勇气。他因此与校服结缘，在一系列颇有成就感的行动中，逐步变得能侃侃而谈，充满自信。他后来进入北京工业大学材料科学与工程专业，大学毕业后投身公益组织。

刘毅伦获得的"校长奖学金"，是校长用稿费设立的，旨在"培养有想法的人"。它分为"金苹果奖""金舵手奖""金钥匙奖"，以引导同学们去关注时事，热心公益事业和社会实践活动，关心校园建设、课程设置和学生成长，把有价值的想法、建议转化为创造性的行动。2020年获得校长奖学金"金苹果奖"的魏来同学，在武汉疫情很严重的时候，组织社团发起募捐，筹集8万多元，将620套防护服、280双鞋套和80副护目镜送到抗疫一线。随后，他还联合北京、上海等多所学校近30个学生社团，向美国旧金山的医生捐赠了3000个医疗口罩。

"学校着力于培养志远意诚、思方行圆，即志存高远、诚信笃行、思想活跃、言行规范的社会栋梁和民族脊梁。""通过引导学生进行职业与生涯规划，确立远大目标，启发学生立志成为某一领域的领军人物或杰出人才；诚信做人，让每一位十一学生成为值得信任的人；强化学生自律意识，培养学生自主管理能力；鼓励独立思考，培养有自己想法的学生。"这是写进十一学校行动纲要的培养目标，也是学校设置学生评价与荣誉体系的主要依据。

十一学校相信，评价什么就会拥有什么；多一把评价学生的尺子，就会多出一批好学生。学校希望学生活跃的思维能在课堂上生长起来，便设立了课堂"金思维"奖学金，包括"创新思维类""质疑思辨类""学以致用类"和"改革建议类"。为鼓励十一学子在各类社团活动中发掘兴趣、锻炼能力，专门奖励社团的"乐群奖学金"得以设立。学校尽可能地发现和鼓励学生的闪光点，专门用近百米长的玻璃橱窗展示"每月百星"，每学年能激励学生近千人。还有"校园吉尼斯"，为那些身怀"绝技"的学生提供了大显身手的舞台，各种纪录的创造者涌现，成为校园"展示自我，超越自我"的象征。

2012 年 7 月开始评选的"年度荣誉学生"，则是代表十一学子综合能力的最高荣誉。获奖者是学校育人目标的最佳代言人和诠释者：全面而有个性地发展；具有社会责任感，有领袖气质和领导能力；勇于担当，为他人、集体和社会做有意义的事情；善于规划人生和学业，能够高效学习、工作；学业成绩始终处于领先位置；追求卓越，不断挑战自我、超越自我……

叶子恬是 2020 年"年度荣誉学生"，被美国加州理工学院录取。颁奖词说：她是一名懂规划、会选择，立志成为社会领军人物或杰出人才的学生。她以生物技术高端课为起点，参选了"英才计划"，在北京师范大学教授的指导下研究植物遗传学。同时参与美国麻省理工学院的 IGEM（国际基因工程机器大赛）基因项目三年，与成员一道斩获大奖。她喜欢古典诗词，每周给社区的小学生上诗词书法课。对德语文化感兴趣，在学校组建德语文化社。热爱古典音乐，研究柴可夫斯基《f 小调浪漫曲》的论文被提名到 *Pioneer Academics*（国际先锋学术项目）年度学术期刊。

十一学校倡导什么，鼓励什么，致力于培养什么样的学生，以奖学金为代表的学生荣誉体系，是一个极佳的观察视角。

小贴士

1. 十一学校奖学金的设立者，除了学校，还有企业家、校友和在校学生。

2. 校长用稿费设立"校长奖学金"，旨在培养有想法的人。

3. 评价什么就会拥有什么。多一把评价学生的尺子，就会多出一批好学生。

8. 让同伴成为"成长合伙人"

2011年，十一学校取消了固定的行政班，开始推行选课走班。尽管有些学生是在不安与不情愿中告别他们熟悉的班级的，但并没有学生和家长公开表示反对，更多的人则是"张开双臂拥抱一个新时代的到来"。

在过去的行政班级里，和谁成为同学，学生并没有选择权，他们只是被分配在一起，性格、爱好、共同的想法等并不在分班考虑之列。推行选课走班后的十一学校，为志同道合者走到一起创造了许多机会。学校有数百门课程和200多个社团供大家自主选择，并且鼓励学生随时组建团队去实现自己的想法。因此，学生形成了大大小小的新集体，少则两三人，多则上百人。选课走班大大扩展了学生的交往面与可能性。

2019年，在参加"校长有约"时，楼涵之提出希望学校能建立纸张循环系统，将校内由用纸造成的碳排放量降低至原来的六分之一。这次"校长有约"启发她放弃一贯依赖老师的念头，选择一条全新的路去实现自己的想法：成立社团。"BNDS Blue Cogiator"（十一学校蓝色思考者，"Cogiator"为学生自造词）应运而生，包括楼涵之在内一共三人。在这支"并肩探索的梦之队"（楼涵之语）的努力下，2021年年初，他们不断完善的校园纸张循环系统"Plan P"（P计划）入选全国首批中学生志愿服务示范项目培育计划。

2020 年新冠疫情暴发，林珈音、赵凌峰、高温博等三名国际部高三学生与高二年级的姜宇越组成了一支建模团队，尝试解决疫情中病毒检测效率难以提高的难题。他们是在朱浩楠老师的数学建模高端课上认识的。围绕核酸混检，四人小组提出了一种方案，能在 80 次检测操作中找出 20000 人中所有的感染个体，并证明它在一定的可行范围内最优。2021 年 4 月，他们带着这个方案，以北京联校数学展优胜队伍的身份，受邀前往澳门参加科学展。

新冠疫情暴发之初，学校 BNDS 歌剧社的王涵想用音乐创作的方式表达对医护人员的敬意。他在钢琴上弹奏出了一首两分多钟的小曲子，用电脑音色简单配器后，分享到朋友圈，很多同学点赞。后来，他在音乐老师王泽的指导下，启动了线上云录制，召集了各个年级的一些乐手以及毕业的校友参加，用伙伴们的演奏替代电脑合成的音色，并将曲子发表在学校微信公众号上。这次经历唤醒了王涵音乐创作的热情，此后，他为中考、高考创作加油歌曲，为学校创作了狂欢节主题曲和颁奖音乐。

一名十一学校的学生，每天要在多个不同的集体中生活。学校认为，教育的价值追求是让每个学生成为更好的自己。这也意味着他们既需要学会做团队的领导，又需要做好其中的普通一员。一个充满选择的校园，能让他们在不同的团队中寻找自己的定位，并体验不同角色带来的挑战和成就感。

从一些举措中可以看出学校的良苦用心：实施多元化的过程性评价，让每个学生每天都能看到自己的成长痕迹；规定每个学生在所选戏剧课中除了扮演角色，还必须承担一项剧务；设置 60 个学生管理岗位，以培养学生的管理能力和责任意识，其中"卫生天使"是每个学生的必修课。

一名在"数学 III"教学班中成绩垫底的学生，可能是语文学科的

"学霸";一个在戏剧《嘎达梅林》中跑龙套的男生,可能是某个社团的负责人。以 2015 年毕业的叶枫为例,在模拟校务委员会主席团中,这名高三学生是高一年级学生李元杉的助手,而在一本书的组稿、编辑过程中,李元杉又成了叶枫的助手。

姜嘉南在校时创办过"电影学院",在"模拟联合国"中担任过"美联社社长",她有过几乎精神崩溃但始终不放弃,最终赢得伙伴们认可的经历;也有过因为私事拖了团队后腿,让同伴很长时间不理她的教训。她的总结是:"身处一个团队,个人利益应往后退,团队利益要优先。"

"在这些看似松散的组织中,有一种无形的力量让我们更加团结。"姜嘉南说。这是一种互相帮助与分享的力量。

2014 年 12 月,学校初二年级出现了新事物 —— 成长合伙人。这个名词恰到好处地概括了十一学子的成长方式。率先这样做的是顾靖坤等6 名同学,他们的爱好、能力水平都不一样,但能够互相取长补短。顾靖坤因为各个学科成绩均衡、管理能力和组织能力强,任"大总管",其他同学则分别担任英语、数学等"学科大总管"。他们都是家里的独生子女,"说话做事以自我为中心",难免发生矛盾。但慢慢地他们发现,"只有通过积极沟通,适当妥协,才能解决问题"。在此过程中,他们感受到了"独乐乐不如众乐乐,独学学不如众学学","学会了为伙伴的成绩点赞,发自内心地欣赏他人的优点"。

"学校里的各个小集体,不是因为竞争,而是为了合作走到一起。"教育顾问曹书德老师说,"是给学生分配一个集体,还是让他们自由选择一个集体更有归属感?是在集体中统一的时间、地点做统一的事情,还是各有分工与自由,更能激发责任感?是一起为集体争得荣誉,还是找到了共同志趣的人一起努力过,更值得回味和铭记?答案显然是后者。"

小贴士

1. 选课走班为志同道合者走到一起创造了众多机会。学校里的各个小集体，不是因为竞争，而是为了合作走到一起，互相取长补短。

2. 一名数学成绩垫底的学生，可能是语文学科的"学霸"；一个在戏剧中跑龙套的男生，可能是某个社团的负责人。这种多元角色的体验，有助于学生成为"全人"。

3. 学校实施多元化过程性评价。

9. 把学校办成毕业生真正的母校

　　王晨瑀把十一学校看作自己真正的母校。他说，到了十一学校，他的兴趣才得到老师的尊重和鼓励，所以他认为这所学校是真正以学生为本的，"是真正造就我的一个地方"。他从小喜欢画画，但在近 10 年的时间里，他和父母都没有意识到，他那随意的、没有目的性的"画着玩"，有朝一日会成就他。

　　他耿耿于怀的是，小学时有老师非常不喜欢他在学校画画，斥之为"乱涂乱画"，禁止他在美术课以外动笔涂鸦。一位同学竟然还因为向那位老师举报他在自习课画画而得到了奖励。"我不理解这究竟是为什么，为什么老师那么讨厌我画画。"到了初中，情况并没有好转，班主任老师明确要求他"跟学习无关的事情都应该放下"。画画，在某些老师眼里，就属于"不务正业"。

　　一般来说，在经历小学老师和初中老师的双重打击后，学生的那点儿爱好即便不被扼杀，也会被学生雪藏起来。至于被雪藏的种子能不能等到冰雪消融、春暖花开的那一天，就要看运气了。好在，王晨瑀属于幸运的那一位。

　　2011 年，他考入十一学校高中部，最初一年，"浑浑噩噩"，感觉头脑里总是一片混沌。他的学习成绩一般，也没发现自己有什么特长，"每天就像在饥饿中挣扎一样"。此时的十一学校开始推行选课走班，鼓励和支持学生"量体裁衣"，根据自己的兴趣、能力、优势劣势以及对未来的期待，去规划学习与生活。身处其中，"浑浑噩噩"的王晨玮并非没有进步，他觉得自己对很多事情渐渐有了自己独到的看法，但苦于不知该如何去表达，不知利用什么去表达。直到高二的某一天，他像突然获得灵感似的，意识到可以把漫画作为表达自己想法的载体。

被雪藏的绘画种子有了破土而出的机会。

随意"画着玩"的王晨玮没有接受过学院派的素描训练，他的漫画技法相对简单，他将侧重点放在故事性和思想性的艺术表达上。导师喻敏注意到了他，将教室后面墙上的黑板报辟出五分之一大小的区域，专门用来展示他的作品。高中老师这种与小学、初中老师完全不同的态度和做法，给了王晨玮"非常大的动力"，让他不再羞于向别人展示自己的作品。他每天用心观察身边的世界，将发现的故事和想象的内容变成一幅幅漫画。

有目标，能得到老师的尊重和支持，愿意花时间去培养爱好，他画的画越来越好。不擅长理科的王晨玮在选课走班中确定了"走画漫画这条路"。毕业前夕，他从自己的作品中精挑细选了一部分，想在学校开一次个人画展。他希望自己的画作能得到更多师生的检阅。老师们很支持他。

2014年5月20日，在学校艺术楼一层大厅，主题为"我的探索"的个人画展开幕。那一天，王晨玮一身艺术家气质的装束，站在巨型展板前，满心欢喜地接受了学校电视台记者的专访。

画展上的画，后来结集成了一本画册，学校赶在王晨玮毕业离校前印刷了出来，作为重要成果送给他。画册的最后一页，是他画的与校长握手的漫画。画面上，他穿着白色的宇航服，旁边写着一句话："我准备好了，校长同志！"

王晨瑀从十一学校毕业后，进入美国著名的纽约视觉艺术学院进行专业漫画的学习。他后来感慨："如果我没有在十一学校读高中，而是在其他只追求考试成绩和升学率的中学里学习，我不知道自己今天会变成什么样子。"5 月 20 日，他的个人画展开幕的日子，则被确定为学校的"唤醒日"。学校希望学生都能像王晨瑀一样被唤醒，找到自己的兴趣所在，充分发掘个人的潜能。

李希贵校长曾经提炼过一个"母校养成模型"，认为一所学校要真正成为毕业生的母校，需要有四样东西：想念的老师（师生关系）、美好记忆的载体（博物馆、一草一木等）、同伴聚会的场所（校友婚庆大厅等）、继续成长的启迪（文化与故事）。对王晨瑀来说，这些他都不缺。

小贴士

1. 王晨瑀把十一学校视为真正的母校，因为他的兴趣在那里得到了尊重和鼓励。

2. 学校推行选课走班，鼓励和支持学生"量体裁衣"去规划学习和生活，让原本浑浑噩噩的学生有了自己的想法。

3. 一所学校要真正成为毕业生的母校，需要有学生想念的老师、美好记忆的载体、同伴聚会的场所和继续成长的启迪。

10. 限制激发创新，
六大要素让开学典礼大受欢迎

回想经历过的开学典礼，你会想起什么？校长急于教育学生却让人听不进去的冗长的讲话？只与少数人有关的仪式和热闹？十几年来，十一学校坚持落实六大活动要素：不超过 30 分钟、仪式感、参与感、教育主题突出、激动人心、出人意料。这让开学典礼成了学生期待和难忘的经历。

这六大要素也揭示了十一学校的创新密码：以限制激发创新。在大目标的感召下，一个变革者会将限制因素视为创新的机会，甚至会主动设限（如"不超过 30 分钟"），以激发团队寻求更好的办法。

2021 年 9 月 1 日 8 点 15 分，当新生沿着操场上左、中、右三条红地毯，在摇臂摄像机的实时抓拍和学长、老师们手持充气加油棒的欢迎声中鱼贯而入时，他们并不知道这场别开生面的开学典礼背后的故事。但有一个人除外 —— 高一新生尹凯萱。这位初中就读于十一学校的学生，作为典礼的主持人之一，参与了筹备过程。

新生入场这一固定环节，也有了改变：由往年走居中的一条红毯，改为经三条红毯同时入场，并将实时拍摄的新生画面在大屏幕上播出。"极富仪式感地开启崭新的学校生活。"

揭晓年度荣誉学生提名，自2012年以来，也成了开学典礼的固定环节。视频播放每一位提名者的片段时，此人会在人群中和老师一同起立，向同学挥手致意，然后与老师并肩走过红毯迈上舞台。最终荣获年度荣誉学生称号的，只有两人。以往，他们会发表个人演讲。而这一次，筹备组决定来一点儿变化：提前通过学校的公众号，向同学们征集了想问年度荣誉学生的问题，并从中挑选三个在开学典礼现场由主持人提问。尹凯萱说："问题都来自同学们，这提升了大家的参与感。"

十一学校的开学典礼不能超过30分钟，这是一条铁律。为确保不超时，领导和嘉宾的讲话会被严格限制时长。2012年9月1日的开学典礼，不到30分钟就结束了，学生主导全过程，校长一言未发，他所做的只是鼓掌、微笑、与台上的嘉宾们一起扭头看大屏幕。那次开学典礼邀请到了6位校友，均是行业领军人物。他们的任务也不是致辞，而是通过设置在教学楼侧面的大屏幕随机抽取6名"开学天使"。6名"天使"随后打开漂荡在空中的礼物包裹，精心设计的60周年校庆的明信片、纪念邮册、学校文化学习用品以及校长签名书籍等礼物卡从空中飘落。学生欢呼雀跃，他们还接过飘落的气球，踩得砰砰作响。

尹凯萱主持的2021年开学典礼，"30分钟"这个要素要求他和同伴必须长话短说，精准表达，不能有废话。为此，主持词一改再改，竟然打磨了三四十次，临上台前还做了微调。对中国航天第一人杨利伟等两位嘉宾的介绍，也根据上台所需时间做了精简，仅用了百余字。

2012年9月1日的开学典礼结束后，学生围住了身穿西装、打着领带的校长，递上一本一本的开学护照，请他签名，这持续了半个多小时。颁发开学护照是十一学校开学典礼的传统环节。怎样才能让同学们都参与到活动中，怎样别具一格地响起开学铃声，2021年的筹备组对此不断进行头脑风暴。起初，他们想用为"火箭"加"燃料"的方式，由同学们举起开学护照为所在年级添加"燃料"，然后发射新学期的"火箭"。尹凯萱说，由于举起开学护照转化到大屏幕上的"燃料量"，需要较高级的色块识别技术，同学们技术水平有限，无法做到，只好放弃。筹备组还想到一个彩虹收集的方案，让每列同学向后传递玩偶共同点亮彩虹，敲响开学铃声，又因为不可控因素较多，也未予采用。

最终，他们在开学护照上做出了创新。每本开学护照上有一块覆盖着银色涂层的矩形区域，全体同学在主持人的引导下刮开涂层，会看到不一样的校园文化日，凭此护照可在相应的文化日去团委领取纪念品。刮开涂层后，每位同学还有机会接受主持人的随机采访。数千名学生中，有一位"幸运儿"，在刮开涂层后，看到的不是校园文化日，而是"20210901 开学典礼"。这名同学作为学生代表与毕业年级老师代表一起上台，在 9 点整准时敲响老校钟（开学铃声）。尹凯萱说："这样的设计增加了典礼的不确定性和趣味性，也满足了每位同学的参与感。"

即便在候场环节，也要制造参与感。摄像师用摇臂摄像机随机拍摄，主持人请被拍摄到的同学通过大屏幕和大家打招呼，并可制作照片留作纪念。

一名初一新生"由衷地被这第一次开学典礼震撼到"，认为这是他参加过的最好的开学典礼。还有学生惊叹："超出我的想象，太宏大了。"但要打动在十一学校生活过好几年的同学，这可不容易。一位同学说他最满意的是"时间短了"，言外之意是其他环节还欠火候。

一年一年过去，开学典礼创新的难度确实在加大。据魏心颖老师介绍，创新问题不是由学校来解决的，更多的是由学生们基于课程、对现实的观察和个人学习经历等因素提出想法，然后与老师们一起寻找实现的途径。当年的热点，平时读过的书籍，看过的视频，在艺术、技术课程中所学或是课外兴趣，等等，都可能成为创意来源。老师和学校能做的，就是给同学们提供最大的支持，比如，技术指导和邀请嘉宾。

"学生想办的、学生承办的开学典礼，才可能是受到学生欢迎的开学典礼。"魏心颖说，开学典礼项目组一般从 6 月开始招募学生团队，他们通过公众号发布机会榜，有意向参与的同学都可以加入。一般会先由策划团队头脑风暴形成初始方案，再组建主持人团队、开场表演团队、视频团队等十来个支持性团队，分别完成每一个环节。

整个暑假，各个团队都在如火如荼的筹备中度过。

小贴士

1. 开学典礼坚持六大要素：不超过 30 分钟、仪式感、参与感、教育主题突出、激动人心、出人意料。

2. 为确保开学典礼不超时，领导和嘉宾的讲话会被严格限制时间。

3. 开学典礼中的固定环节，每年也要有变化。

4. 开学典礼的创意，主要由学生团队基于课程、对现实的观察、个人学习经历等因素提出。

5. 开学典礼一般从 6 月开始准备，通过发布机会榜招募学生，组建策划团队、主持人团队、开场表演团队、视频团队等十几个团队。

11. 音乐节的责任担当：
办不好就没有下一次

在十一学校，学生想干一件什么事，基本都能去做，且做成的可能性不低。比如，草地音乐节，它因在学校大操场的草地上举办而得名，在第二年被改名为"66号音乐节"。玉泉路66号是学校所在地，学生以这个数字为音乐节命名，可见他们对学校的喜爱。在这些学生眼里，似乎只有十一学校的老师们，才会允许他们把一个"突如其来"的想法变成现实。

2020年9月，校学生会的主席和副主席们找到学校团委书记柳荻，提出办草地音乐节的想法。这个创意是他们在商量如何创新校园歌手大赛决赛时产生的，他们希望办一个能把所有师生联系起来，增强归属感的校级大活动。对这样的创意，柳荻当然不会反对，只是提了几点要求：第一，在室外办音乐节，需要一大笔钱，对这个突然出现的想法，学校是没有预算支持的，同学们得自己想办法。第二，要保证节目符合校园风格，确保安全和场地干净。此外，还得让同学们特别喜欢，这样才能继续办下去。几名同学满口应承，然后特别投入地开始筹办。

他们在校学生会的微信公众号上发布了"合作招募"的消息，信心满满地表示："这场夏日音乐盛典将打破以往传统的校园音乐活动做法，致力于让师生感受音乐，释放自己。为此，特面向全校社团进行招标，请大家为草地音乐节贡献好点子。"简短的招募文字体现了筹备组的大胆和开放："只要你认为你的社团能够与音乐节碰撞出火花，不管是什么类型的社团都可以加入音乐节的策划中来。只要你想，就没有不可能。"

结果确实是皆大欢喜，许多同学在朋友圈刷屏表达对草地音乐节的喜爱与期待。但第一次活动也出现了柳荻老师担心的问题：音乐节结束后，草地上有不少垃圾。同学们随着音乐摇摆，玩得很嗨，以至于忘记了讲究卫生这回事。校学生会的同学们花了差不多一个小时，才把地上收拾干净。

当时，草地音乐节的舞台下，有一位叫金子泰的高一学生，完全被现场吸引了。他在震撼之余又深受触动，竟然萌生了加入校学生会的想法。"我也想策划那样一场精彩纷呈又有意义的活动。"他说。

一年后，金子泰果真将那个看起来遥不可及的想法，变成了燃爆校园的"66 号音乐节"。2021 年 10 月 9 日傍晚，当雨后绚烂的晚霞映照西山时，操场草地上的音乐节陆续迎来了上千名师生。这场持续约两个小时，共演出了 19 个节目的音乐盛典，又一次让学生在朋友圈刷屏。这次，音乐节结束后，草地上的垃圾很少。

第二天，校团委旗下的公众号发出金子泰等三位同学撰写的文章，图文并茂，设计感十足。文章写道："在十一学校的土壤上，有这么一群人：自由，无畏，青春。在 10 月 9 日细雨浸润的湿地上，用歌声和欢呼声宣告着：成为 x，不被他人定义。未来，是我们（x）的。"

"成为 x"，是此次音乐节的主题，x 在这里代指每一位十一学子。主题十分契合十一学校教育的使命：帮助学生发现自己，唤醒自己，成为自己。

筹办这样一场大型的音乐节，其过程之烦琐、复杂自无须多言。值得一提的是，国庆假期结束后返校，离音乐节举办只剩下不足两天。统一的现场彩排成为金子泰眼中"最大的困难"，但他们不但协调好了各方的时间，还做到了避免发出声音打扰其他同学休息、自习或考试。为了吸引更多观众，他们多管齐下：拍摄、推送酷炫的预告片，设置预约机制，在各教学楼和食堂里张贴了20张海报，还在音乐节前一天来到食堂门口宣传推广、分发纪念门票。

"如果做得不够好，明年就没有音乐节。"这是上一届负责人把担子交给金子泰时叮嘱的，他丝毫不敢有所怠慢。回顾整个筹备、举办过程，这名高中生最大的成长"是责任感的增加"，他和同伴们不是将之视为单纯的一场活动，而更像面对一个即将出世的孩子，"认真地做好每一件事，完善每一个细节"。

音乐节的成功举办，激发起金子泰去承担下一个重大责任的激情。他也期待着，"明年这个时候，另一群深受触动的同学，会做出一个触动大家的音乐节"。

小贴士

1. 对学生的活动创意，不要急于反对，而是要提出高要求，激发他们高质量地实现。

2. 由学生主导的活动成功举办，会激发其他学生参与的愿望。

3. 学生的责任感会在活动的筹备、举办中传递。

12.《十一地图册》：好学校处处有故事

11名同学和一位老师，为了记录校园里"那些珍贵而青涩的小小角落"，组成了"十一探索小队"，做了一本图文并茂的《十一地图册》，并在学校2021年的"红窗汇"活动中热销500册，获得纯利5000多元。

比"赚钱"更重要的，是他们在《后记》中透露的心声："这本小册子记录了我们对十一学校生活满满的记忆，希望它可以唤醒大家心中沉睡的快乐。希望大家对十一学校的记忆可以丰富它的内容，使它拥有几百种不同的意义与故事。"

"十一探索小队"本是地理老师杨帅斌导师班的名称，此名源于他们做的一件事：每周打卡校园里的一个小角落。聚集在杨帅斌门下的学生都对地理感兴趣，"对一些好玩的事有极高的热忱"。而学生眼中的杨老师，也有着有趣的灵魂。他们聚在一起，设计过有关地理内容的"剧本杀"，在小花园里玩过瓶盖，在网球场旁边踢过毽子，计划过骑行出游，等等。

十一学校有个一年一度、颇受学生喜爱的活动：红窗汇。它的灵感来源于学校标志性的红色建筑。每一扇红色的窗户里，每一天都在发生学习的故事，生长学习的成果。把它们汇集起来，通过展示和交易去分享，就是"红窗汇"。这一天，学生会摆出几十上百个摊位，展示各自（团队）的学习成果，并卖力地把它们出售给感兴趣的同学。2021年度的"红窗汇"来临前，杨帅斌提议导师班的同学们，一起做点儿什么去摆摊卖一卖。他曾见过北京林业大学的校园地图，上面标注有植物及其介绍，便说是不是可以做一张学校的平面地图。同学们完善了老师的想法，认为地图不好保存，还是做成一本书更好，那样"有珍藏的感觉"。

大家推举高一学生李思瑜作为《十一地图册》项目的负责人。从初中开始就读于十一学校的李思瑜，投入了很多精力在"辩论社"，并在高一做了社长。她认为自己之所以有较好的组织能力，就是得益于这种社团经历。她从中明白，要把一件事情做好，首先要找到一群值得信任的、有能力的同伴，然后放心地把任务分给大家去做，"不能一个人揽着"。

这一次，她也是这样做的。《十一地图册》的内容框架参照了地理学科的知识，他们当时刚刚学完"自然地理"有关内容，于是将内容分为大气、水文、岩石地貌、生物、景观、产业和交通等七个部分。大家"头脑风暴"，把平时在学校里遇到的"好玩的东西，能给大家带来回忆的东西"，一个个地列出来，再归纳整合，形成词条。每位同学领5—10个自己感兴趣的话题，回去收集图片、撰写短小精悍的文字介绍。还有几位爱好摄影的同学去现场补拍照片。在定稿的前几天，李思瑜每天都会熬夜到凌晨一点多，"一点一点地改同伴们发来的文件"。

80页的《十一地图册》最终定价24元，印刷等成本由杨帅斌老师垫付。李思瑜最初有点儿担心把老师的钱亏了，没想到印制的500本地图册一售而光，大大超出了杨老师的预计。其中一本地图册，他们请几位老师在上面签名，然后搭配一套校园地图明信片，作为"红窗汇"拍卖会上的第40件拍品，竟然拍出了500元的"天价"。同学们对这件拍品的介绍确实能打动人心:"……其中饱含学校中奇特的地理现象和小众景点揭秘,如果你想知道哪棵树被闪电劈过,哪里能看到最浪漫的日出日落,那就赶快拍下它吧。"他们还特意提到有特级教师汪春燕、雷其坤等老师的签名。起拍价是70元。

《十一地图册》的销售收入超过一万元。除去成本,还有5000多元的盈利。同学们乐呵呵地进行了"分红",不是平均主义,而是按劳分配。他们提前想到了一种"赋点的方法",如拍一张照片赋多少点,排一页版赋多少点,等等,把工作量表写得非常详细。这解决了杨帅斌老师头疼的如何分钱的事,让他感叹学生们"太厉害了"。总负责人李思瑜因为付出甚多,分到了1000元。

一些学生被地图册里"星光小径"的介绍所吸引,特意在晚上去走一走,发现地图册里所言不虚:"一到夜晚,小径边的灯便亮起柔黄灯光,照亮每一位学子前行的路。星子一样微弱的光随小径蜿蜒,却揉进了情里,守在了心里,将小径照成十一学子走向梦想的星光大道。"

这本生动有趣的地图册,不只是学生们的生活指南,也浓缩了学校的故事与文化。一些看起来不起眼的地方,经过探索小分队成员们的慧眼,就有了别具一格的味道。看看这些名字:地中海、地下暗河、热泉、楼顶天池、珠峰、沙漠、晴天台……,是不是会让人产生一睹为快的冲动?

"大风口"展现了社团招新的盛况:"在这个风口举行社团招新或是活动宣传时,可以看到大家努力压住纸张、海报以免被吹跑。感谢拜占庭(学校社团之一)的漂亮姐姐们辛苦地在这里跳舞,你们太难了。"

"自助售卖机"体现了学校的贴心:"这是每个十一学生都喜欢的地方。它让我们在教学楼里就可以买到饮料、零食以应对饿到发晕的第五节课。真是如同救命稻草,给身处水深火热中的同学们送来一股清凉。"

　　"食堂"展示了学校的魅力："十一食堂的竞争力仅仅通过下面的例子就可体现：一位学长坦言'大学的饭没有十一的好吃'。因此他每次回母校都去食堂。"

　　而"道歉树"则有关如何面对犯错的文化：2011 年 10 月 11 日，学校购买了 9 棵大树，为了抢时间，学校总务处安排工人连夜栽植于学生公寓与容光楼之间，影响了住在学生公寓南侧的高三同学的夜间休息。第二天，学校总务处公开向同学们道歉，并把道歉信张贴在学生公寓大门一侧。由此，学校设定每年的 10 月 12 日，为学校的道歉日。

　　这样有故事的树还有很多棵：微笑树、赞美树、谅解树、分享树、思方树、双色树，等等。它们成了学校文化的载体。学校倡导、践行的教育理念，融入那些教育故事，随着一棵棵树的成长而生长。

小贴士

1. 学校的各个角落，都可能藏着故事和学习资源。

2. 红窗汇这个学习成果集市的存在，会激发学生们的创意和行动。

3.《十一地图册》的制作和售卖，是基于地理知识的跨学科的真实学习。

4.《十一地图册》不只是学生们的生活指南，也浓缩了学校的故事与文化。它会丰富大家的学校记忆。

附录 《北京市十一学校行动纲要》

（2022 年第十三届第二次教代会通过最新修订版）

《北京市十一学校行动纲要》在继承学校文化与价值观的基础上，在学校运行的主要领域明确师生员工的行为准则，为构建学校治理体系、开展教育教学工作、落实立德树人、培养社会主义建设者和接班人等提供引领。

行动纲要是学校办学的纲领性文件，是学校今后六年工作的总纲。每三年一次教代会审议和修订，每次修订都是面向以后六年的行动纲要。

第一章 愿景、使命和办学准则

第 1 条 愿景

我们的愿景是：把十一学校建设成为一所受人尊敬的伟大的学校。

伟大的学校应该是一所师生品格崇高、才识卓越并具有谦虚品质的学校。

第 2 条 使命

我们的使命是：创造适合每一位学生发展的教育，将"十一学生"塑造成为一个值得信任的卓越的品牌。

第 3 条　办学准则

我们的办学准则是：

1. 与共和国一同成长，共和国的利益高于一切。

2. 认可稳定的教学质量以追求学生长远利益。

3. 竭尽全力帮助教师，以方便教师竭尽全力帮助学生。

4. 教育学首先是关系学，润滑关系以奠定教育的基础。

5. 把钱花在离学生最近的地方。

第二章　战略目标

第 4 条　战略目标

我们的战略目标是：

1. 初步完成从教到学的转型，让学校成为学生学会学习的地方。

2. 学生多元综合发展得到广泛认可，形成能支持不同潜能学生的成长系统。

3. 建设一支能领导学生学习的教师队伍。

4. 创造能够满足教职员工多元需求的好工作。

第三章　培养目标

第 5 条　学校着力于培养志远意诚、思方行圆，即志存高远、诚信笃行、思想活跃、言行规范的社会栋梁和民族脊梁。

通过引导学生进行职业与生涯规划，确立远大目标，启发学生立志成为某一领域的领军人物或杰出人才；诚信做人，让每一位十一学生成为值得信任的人；强化学生自律意识，培养学生自主管理能力；鼓励独立思考，培养有自己想法的学生。

第四章　治理体系

第 6 条　学校治理体系包含治理结构和运行机制两个方面，以实现能用结构解决的就不用制度，能用制度解决的就不靠开会。

第 7 条　学生成长责任中心。年级是师生相处最频繁的地方，也是学校产生价值的教育教学一线。每一位教师都要对学生起到立德树人的育人作用。年级形成围绕每一位学生的成长责任中心，发挥全员、全程、全方位育人的作用。

第 8 条　战略高层。学校由六大治理主体共同组成战略高层。包括学校党组织、教职工代表大会、校务委员会、学术委员会、学生代表大会和家长代表大会。

党组织是学校的政治核心和战斗堡垒，保障正确的办学方向。

第 9 条　坚持"决策发生在信息最充分的地方"原则，让听见炮火的人指挥战斗。

第 10 条　分布式领导。学部、年级和各部门要依据不同的任务特点和成员能力，确定不同岗位的领导职责，根据实际需求和实施效果动态更替，逐步实现由管理走向领导。

第 11 条　支持人员。每一位支持人员要通过服务内部客户来明确各自的岗位职责，倾听客户的声音，设身处地为基层师生服务，在服务一线的过程中体现并提升自己的专业价值。

第 12 条　研发平台。研发平台决定着一个组织的创新能力和变革节奏。不为研发平台单独设置岗位，通过项目组、招投标等机制进行产品研发，以持续满足教育教学一线的需求。

第 13 条　双向选聘。聘任是最好的评价。学校实行教职员工与学部、部门双向选择的聘任机制，以实现人力资源的优化组合，尽可能让教职员工找到适合自己的岗位。

第 14 条　薪酬、荣誉和福利体系。学校坚持按劳分配、按岗取酬、绩优酬高、薪随岗变的薪酬分配原则。把薪酬体系设计成员工成长全景图，确保合理的晋升通道；让荣誉体系成为自我实现的入口；赋予福利体系集体荣誉感。

第 15 条　权力链切分。根据承担责任的需要，让处在不同岗位的人拥有相应的权力。能给下一级的权力，不要留在上一级；能在下一级组织的活动，就不要放在上一级；能在上一级处理的麻烦，就不布置给下一级。任何权力都要有相应的监督，对每一个岗位都要建立相应的监督机制，以确保责任的落实，防止渎职和腐败现象的发生。

第 16 条　责权利匹配。学校与各学部、各预算单位实行责权利匹配的管理机制，在人事、财务、教育教学诸方面明确不同层级的责任，同时赋予相应的权力。确保每担起一份责任，就能获得一份权力，还应当拿到一份利益。

第五章　教师

第 17 条　教师肩负着培育学生精神生命的神圣职责，教师从事着世间最复杂的高级劳动，教师的职业不仅是传承过去，更是创造未来。教师的职业定位是，在学生未来对社会的贡献里发现自己的人生价值，在学生今日之爱戴与未来的回忆中，享受富有乐趣的教育人生。

第 18 条　优秀教师应该是师德的表率、育人的模范、领导学生学习的专家。

第 19 条　教风决定学风，教师对待职业的态度影响学生对待学业的态度。教师必须以高尚的人格影响学生，通过优良的教风，影响和带动学生良好的学风。

第 20 条　学生在你心目中的地位有多高，你在学校中的价值就有多大。任何一位老师都可以有自己的个性甚至缺憾，但都不可以轻慢学生、忽视教学。我们可以原谅许多，但永远不能原谅的是对学生和教学的轻慢态度。

第 21 条　树立正确的学生观。在老师的心目中，不应该有坏学生，只可能有心智发展不成熟的学生。学生成长道路上的错误，就像学习走路的幼儿跌跟头，绝大部分跟道德品质没有多大关系，每个错误都意味着成长，教师要有"祝贺失败"的修养。不要埋怨学生，当教育教学效果不如意时，先检视自己。关注每一位学生，学生对公平的期待远远超出我们的想象，每一位学生都是一个世界，要十分小心地呵护每一位孩子的世界，即使她是不完整的。

第 22 条　自我反思与终身学习。善于分析自己劳动的教师，才能成为一名优秀的有经验的教师。我们的"本来"在不断折旧，必须通过持续学习以实现自我保值和升值；要注意职业规划，不断更新自我。

第六章　学生

第 23 条　勇于担当。十一学生应该胸怀天下，具有民族责任感和历史使命感；应该勇于担当责任，自觉为国家、为团队、为家庭、为朋友排忧解难；自觉奉献社会，主动服务他人。志远行近，既胸怀天下，又脚踏实地，具有强烈的自我发展动力。

第 24 条　诚实守信。慎独自律，信守承诺，成为值得信任的人。

第 25 条　懂规划，会选择，善学习。学会自主学习，重视学术成就，有意识地研究学习规律，逐渐形成自己的学习方式。不断认识自我，发现自我，并按照自己的职业规划学会选择。

第 26 条　懂得尊重。尊重自己，悦纳自我；尊重规则和秩序，不随意侵犯他人的自由权利；要尊重父母家人，尊重老师长者，友善同学，学会用谦恭的态度与人交往。

第 27 条　拥有感恩之心。别人的帮助让我们获取幸福，帮助他人让我们传递幸福；懂得随时回报他人，并以感恩的态度回报社会。

第 28 条　克己让人。具有良好的沟通能力，坚持平等对话，学会换位思考，培养协商与妥协的能力。

第 29 条　领袖气质与谦虚品格。独立思考，具有自己的想法，勇于挑战自我，严于责己，归功他人。关注社会，关心他人，乐于参与，善于决策。主动锻造自己的领导能力。谦逊而有韧性，质朴而无畏，能在不同的团队中找到自己的位置，承担相应的责任。

第 30 条　全面发展，学有特长。在追求学业好成绩的同时，提升自己的道德素养、审美情趣、艺体技能和劳动技能，有一两项让自己终生受益的兴趣爱好并形成习惯。

第七章　师生关系

第 31 条　良好的师生关系应该亲情如父母子女，友情如同伴朋友，严而有格，爱而不纵。

第 32 条　师生关系是教育教学质量的基础；亲其师，才会信其道；如果你讨厌你的学生，那么你的教育还没有开始，实际就已经结束了。

第 33 条　师生关系的主导方在教师，判定方在学生。教师应该主动承担起建立良好师生关系的责任。真正健康的师生关系必须靠人格与学识赢得。

第 34 条　良好的师生关系形成需要一定的相处时间，只有在师生相处中才能更好地实现有效的教育。

第 35 条　热爱是境界，热爱是胸怀，热爱也是有技能和技巧的，在严格要求的同时，必须通过恰当的方式让学生感受到老师对他的关爱。

第八章　课程

第 36 条　课程是学校最为重要的产品，也是学校的核心竞争力。课程建设应与学校培养目标相一致。课程建设应立足每一位学生的成长需求，符合学生认知规律和学科学习规律，能支持因材施教和个别化教育，帮助学生科学规划职业生涯，确立人生目标。

第 37 条　课程是经典社会生活的浓缩，让学生在走上社会之前，"把人生先活一遍"。学生通过课程的学习来认识世界，并且通过学习过程中培育出来的关键能力与必备品格去改造世界。确立系统的课程观，对课程目标、课程内容、课程实施、课程评价与诊断进行系统思考，增强课程实施的整体效益。

第 38 条　丰富、多样、可选择是课程顶层设计的基本原则。丰富即对社会领域的覆盖面；多样即与学生认知特点、学习方式和学习节奏的契合度；可选择即能为学生提供适合自己的课程组合和适合自己的学习时段选择，并且实现无论怎样的组合都能达到国家标准和实现育人目标。

第39条　树立处处是课程、时时有课程的意识。学校所有的教育教学活动和管理工作都要作为课程进行系统设计、深度开发。

第40条　让课程本身成为学生爱上学习的理由。课堂是课程实施的主阵地，要充分考虑从教学目标到学习目标的转化，通过设计有意思、有意义、有可能的学习任务，激发学生的内动力，用工具、脚手架支持差异化的学习过程，生成深度体验，并将一致性评估贯穿始终。

第41条　课程实施要多元化、个性化，反对一刀切的教学模式，要以学生的学习为中心。

第42条　借鉴国际优质课程，优化十一课程体系，拓宽国际视野，塑造中国灵魂。

第九章　教育教学

第43条　学校全面贯彻党的教育方针，始终将党建工作与教育教学工作紧密结合，不搞"两张皮"，在教育教学一线落实立德树人的根本任务。

第44条　发现、唤醒和帮助是教育的重要任务，发现学生潜能比发现学生的问题更加重要。实施全人教育，要将每一位学生作为一个完整的人来对待，关注每一位学生的全面发展，给学生装上自我成长的发动机。

第45条　从学科教学走向学科教育，树立全员育人的观念，自觉肩负起立德树人的神圣使命，关注学生的内心，为学生的成长提供帮助和指导。

第 46 条　坚持主体教育，学生能做的，教师不要包办。构建每一位学生为自己的成长负责的教育机制。

第 47 条　重视日常行为规范落实。重视起始年级和学科学生习惯养成的战略作用，梳理不同年级应该强化的不同习惯，逐一养成，引导学生学会在什么时间干什么事，在什么地方干什么事，干什么事就要干好什么事。关注学生学习与生活细节。

第 48 条　成功是成功之母。给学生创造更多成功的机会，发现和成就学生的亮点，用成功酿造成功与自信。

第 49 条　实施不被拒绝的教育。兴趣是最好的老师，学校的重大教育活动都尽可能办成学生的节日，并使学生终身难忘，学科学习活动设计应该充分考虑学生的兴趣。创造条件努力让教室成为学生最喜欢的地方之一，让课堂学习成为学生最喜欢的活动之一。

第 50 条　坚持多元评价。多一把评价的尺子，就多出一批好学生；多一些评价的尺子，学生都有可能成为好学生。

第 51 条　惩罚也是一种教育。惩罚要就事论事，立足学生成长，要以学生可以接受的方式实施。

第 52 条　重视学生职业与生涯规划。从初中、高中起始年级开始进行职业与生涯规划，鼓励学生通过各种方式了解社会，认识自我，明确自己的职业目标与生涯规划，激发学生内在成长动力。

第 53 条　重视学生情感培养和心理健康，特别重视学生积极人生态度的培养，重视团队精神、合作意识、良好同伴关系的培养，让学生学会负责任地决策。

第 54 条　重视校园欺负现象的解决，通过"同伴关系日"等各项措施，营造良好的同伴关系。

第55条　重视教学班建设，帮助学生在各个教学班和不同的团队中找到自己的位置，发挥相应的作用。

第56条　尊重并珍惜学生的差异。与天性合作，探索实施个别化教育的途径和方法。以作业设计、学科考试命题、课例研究、学习诊断分析等为切入口，有针对性地对学生差异化的学习过程予以适切的支持，让个性化学习成为可能。

第57条　敬畏教学规律。学校将主要通过学科教学改革，贴近学科学习规律和学生认知规律，以培养学生兴趣和成就感为基础，提高教学质量；学校将通过课程开发、资源整合、教学方式与学习方式更新使教育教学不断贴近学生认知规律。

第58条　调整教学关系，建设新的学习文化。课堂是学生学会学习的地方，是学生的舞台，并非老师展示自我的地方；减少讲和听，增加说与做。学生已经会的不讲，学生自己能够学会的不讲，讲了学生也不会的不讲。从来不提问的学生不一定是没有问题的学生；让每一个问题在学生自己的手底下得到解决；不占用学生自主学习和休息的时间，是对学生的基本尊重。

第59条　帮助学生学会管理自己的学习，通过师生共同明确的学习目标，引导学生自主规划、自我调节、自我建构，培养学生的元认知能力。

第60条　将落实进行到底。狠抓落实才能提高质量，学了要会，会了要对；在没有射中的靶子上再射一箭。

第61条　教学诊断与评价。诊断出问题与考出好成绩同等重要；及时的教学反馈是调整教学的重要依据；理想的学习是及时知道结果的学习；将评价贯穿教育教学全过程，重视过程评价的即时性和对评价结果的使用。

第十章　研发平台

第 62 条　研发平台决定了组织的创新能力和变革节奏，应始终锚定学校的战略目标和战略性行动。研发平台应始终坚持"顶天立地"，既要把握国家和世界教育改革的大势，也要以问题为导向，满足一线师生的实际需求。

第 63 条　研发平台以多主体发起为原则，产品类型多样。既有相对固定并在较长的一段时间里相对稳定的常设机构，如课程研究院、教育家书院、评价与诊断中心、作业与考试研究中心等，又有战略高层指定的项目组；还有通过招投标方式展开的各种研发工作。

第 64 条　研发平台的工作重点为集中解决学校教育教学中量大面广的共性问题。充分理解矛盾点正是创新处，要从"痛点"开始，从"困惑"和"抱怨"中，从学生最不满意、最困难之处寻找研发内容；选择切口小、研究周期短，能够在一学期、一年内见效的项目。对一些需要长期研究解决的问题，需要将其拆分为几个相关的问题，分别展开研究。

第 65 条　研发工作不能脱离教育教学主体工作，防止为科研而科研；立足学生成长需求，一般不承接外部课题。

第 66 条　创造条件让学生参与研发工作，自主申报立项与参与教师的项目研究相结合，使研发工作更加贴近学生，提高学生的学习能力与研究能力。

第 67 条　评价产品不评价人。鼓励各种研发类型的立项，敏捷响应师生需求，重在师生对产品交付后的质量评价。

第 68 条　重视研发资金的投入，确保研发工作紧扣战略目标；重视内部分配制度的研究，培育各研发团队健康文化。

第 69 条　设立首席知识官，敏锐发现个体实践经验，并将其转化和萃取为可供分享的组织知识。

第十一章　管理

第 70 条　先人后事。合理地调节和设定教职员工事业、情感、待遇和健康之间的平衡；将组织目标主动融入个人目标，把个人目标提升到组织目标，形成尽可能大的交集；让每一个人都感到自己很重要。

第 71 条　要事第一。以战略目标和战略性行动为依据，区分核心工作与一般性工作；要选择在产生最大价值的环节投入时间、精力和资源；不仅仅是正确地做事，重要的是做正确的事。

第 72 条　组织才华与塑造才华。管理者应该充分发挥各方积极性与每个人的优势，动员各方实现团队共同的想法。管理者肩负着传递赞美的重要任务，传递赞美也是最重要的管理活动之一。要创造更多的机会，把追随者培养成为管理者。

第 73 条　防止"路径依赖"。过去的经验解决不了新的问题。必须用改革的方式，而不是用倒退的方式，解决改革中遇到的问题。

第 74 条　让更多的优秀教师参与学校管理，让更多的事情通过协商、协调和协作的方式解决。

第 75 条　养成使用工具或模型思维的习惯。当面对一个新问题或新挑战时，不要简单行事，相反要学会使用工具、脚手架，甚至用模型思维从现象看本质，并在充分考虑限制因素中改变可以改变的，力争系统结构化解决问题。

第76条　学校党组织、行政、工会及群团组织要及时沟通，学部、学科和教学班、教研组的教育、管理思路必须与学校一贯的文化相一致；在各个领域确保学校长期形成文化的延续、深化与创新。

第77条　沟通与协作。"你是天下第一也要由天下第二来帮你。"要通过明确边界，理清流程，细化常规，为沟通与协作打好基础；注意"回报"，及时通报反馈，不断沟通过程性信息，及时通报工作结果，以求得各方了解、理解与支持。

第78条　公平与民主。世间没有绝对的公平，但管理者的行为应该是公平的；民主的程序必须公平；坚持"五湖四海"，绝不允许任何人把亲疏带到十一校园；想拥有一个好主意的最好方法是拥有许多主意；创造"看得见的平等"与"看得见的民主"的校园文化。

第79条　要居安思危，始终具有忧患意识。要不断创造学校发展机遇，不断提升学校发展水平。

第80条　风险管理。管理风险而不是回避风险，定期排查安全隐患与定期梳理学校面临的风险，确保学校发展的平稳健康。构建完善的应急机制，努力把学校建设成为一个安全的地方。

第81条　管理情绪。当过于情绪化时，控制与矛盾方的正面接触，延迟决策，尽量"忍过一个晚上"。

第十二章　领导者素养

第82条　"公、勤、谦、坦"是对十一管理者的基本要求，较高的人生境界、积极的心态、乐于成就他人的精神是十一管理者的基本素养，也是学校选拔任用管理者的基本条件。管理者远离学校经营、经济利益。

第83条　从管理走向领导。每一个管理者都要尽快成长为领导者。在你成为领导者之前，成功同自己的成长有关，在你成为领导者之后，成功只同别人的成长有关。从管理走向领导的关键任务就是，明确目标，确立原则，提供成功标准，赋能组织中的每个人，百花齐放。

第84条　温和而坚定地坚守办学准则。办学准则是核心价值观的表达，它是"领导力影子"，职位越高，投射的影子就越长。领导者要身体力行将办学准则"推广"给组织中的每个人。如果某件事情违反了办学准则，不管有多大诱惑，坚定拒绝，这样才能在不确定的世界里给组织以确定的品格。

第85条　对齐目标。做任何事情，都要首先明确目标，然后不断回到目标来校准行动。无论面对什么样的挑战，处理什么样的矛盾冲突，都要善于寻找共同利益，即要用目标而不是用手段来维护关系。

第86条　内归因。不要埋怨队伍不行，其实同事往往认为是管理水平不行。领导者要用"瓶颈总是在瓶子的顶部"来提醒自己，从自己身上找原因，一想就通了；从别人身上找原因，一想就疯了。

第87条　问题与问题解决。领导者要感谢问题带来管理的机会。善于在现实状态与目标状态的差距中分析现象，并能透过现象找到背后的问题，厘清可变和不可变的影响因素，以改变可以改变的为入口形成解决方案。对于暂时不能改变的问题，要学会与问题和平相处。

第88条　反思能力。人和组织是否在始终成长的标志就是反思能力。领导者要不断扩大认知半径，矫正和突破原有经验；要不断寻找制高点，发现自身盲区和盲维；要在"如果下次再来，我会改进些什么"中梳理关键成功要素；要从我不同意的观点和做法中思考有没有值得借鉴吸收的部分。用思维方式成就组织关键能力，谨防"优秀成为卓越的大敌"。

第89条 教育家办学。当一所学校的绝大部分教师以教育家的情怀、教育家的心态、教育家的智慧帮助学生成长、推动学校发展的时候，我们可以说，这样的学校实现了教育家办学。因此，管理的用力必须很轻，领导者只有让教师成为自己的CEO，教育的生态才会形成。

第十三章 评价

第90条 评价最重要的目的是促进评价对象的进步。

第91条 在强化过程管理的基础上，评价要以结果为导向，注重业绩。教师的业绩，就是表现在学生身上的成长。团体必须通过评价鞭策那些穿着闪亮鞋子，却怎么也走不快的人。

第92条 评价什么就会拥有什么。评价那些我们真正想要的东西。当我们选择评价那些我们真正想要的东西时，我们可以忽略其他事情的评价。

第93条 寻找正确的而不一定是精确的评价。

第94条 评价必须立足于评价团队。优秀的评价体系是最佳的整合机制，没有评价的综合，团体就不可能综合起来。

第95条 运用非正式表扬。创造各种机会，运用多种方式，发现并展示每个人的闪光点。

第十四章 资源

第96条 重视学习任务库等教育教学资源的开发、积累与分享，搭建线上线下分享交流平台。

第 97 条　让最需要资源的人员能够及时方便地获取资源，尽量让使用资源的人有权利合理管理资源。

第 98 条　重视社会资源的开发与利用，整合不同层面、不同行业、不同地区的资源，推动学校稳步发展。

第 99 条　学校建筑、设备、设施建设要简约、大气、高品质、体现十一学校独特文化，反对豪华、铺张、攀比。

第 100 条　为确保学校战略目标的实现，必须根据战略目标的实施需要，坚持量出为入的财务预算原则。财务支出要坚持厉行节约、精打细算。

第十五章　家校协作与社会责任

第 101 条　构建学校、家庭、社区协同机制，成为教育生态领导者。

第 102 条　挖掘、开发和利用家长资源，丰富综合实践课程，完善家校协同机制，为学生的成长服务。

第 103 条　重视家校互动，提升家庭教育水平，尽可能地帮助孩子改善家庭成长环境。

第 104 条　完善学生社会实践与社区服务的基地建设。

第 105 条　立足社区、融于社区、引导社区、服务社区，承担学校的社会责任。

致谢
Thanks

此书是和北京十一学校的老师共同创作的。

讲好故事的前提，是创造出好的故事。从这个角度看，本书的第一作者是十一学校的全体教师，我只是把他们经历的一小部分故事写出来了而已。

一群充满活力的年轻教师（他们几乎都兼具十一学校毕业生和老师的双重身份）——刘佳琪、王雨晴、梁清馨、李幸雪、窦文韬、魏心颖、姜星星、田媛、王玉乔，在聂璐老师的带领下，投入三个多月的时间，深入采访，为本书的写作提供了翔实、生动的素材。他们认真的态度、很好的悟性、善于挖掘的行动力，让我欣喜。

学校的张之俊、赵华、曹书德、王笃年、侯敏华等老师，多次参与讨论，提供了有价值的意见，帮助我们在学校故事的海洋中明晰采写方向。特别是曹书德老师，跟我慷慨分享了他和几位老师历时一年多收集、写作的素材。感谢他们，以及所有接受采访的老师！他们坦诚分享的美德，将会让更多同事、同行受益。

感谢田俊校长。为这本书的采写，他多次与我们探讨，有一次，从下午到晚上竟然持续近八个小时。

感谢李希贵校长。许多故事因他而发生。

感谢源创图书的张万珠老师，他的身上充分体现了编辑的专业美德。

感谢我的同事，他们承担起更多的工作，保障了我的写作时间。

还要感谢我的两个亲爱的孩子，他们支持我把陪伴他们的时间用来写作，并和我一起讨论书名、他们喜爱的学校和老师什么样。孩子们丰富了我的见识、情感和对教育的理解。

2012 年底，我已关注北京十一学校近两年，此时我参加了英国《经济学人》杂志的一场活动。基于对 50 多个国家（地区）的研究，他们发布了《国家 / 地区教育绩效启示》，其中揭示了"成功的学校系统的一些共通之处"：他们寻找到了吸引优秀人才成为教师的有效人文方式；他们持续提供相关培训；他们将教师摆在与其他受人尊敬的职业相同的地位；为教师设定了明确的目标和期望，同时教师也可以通过努力来实现这些目标。报告特别指出，"单纯依靠高薪并不会获得太大效果"。

这些特质在十一学校都得到了体现。文化是学校持续成功的关键密码，它的核心是一套受到珍视并践行的价值观，它们会深刻影响学校成员的行为。

一个组织的文化往往需要通过故事去传达。从人类的祖先围坐在篝火旁，听勇士们绘声绘色讲述白天捕猎的过程起，故事就成了我们重要的学习方式。我们通过故事，去了解什么是重要的，什么是有意义的，什么是可以借鉴和传承的。相信这本书会让读者朋友读有所获。

图书在版编目（CIP）数据

教育发生的地方 / 李斌著 . -- 北京：中国人民大学出版社，
2023.1

ISBN 978 - 7 - 300 - 31295 - 8

Ⅰ.① 教… Ⅱ.① 李… Ⅲ.① 教育研究
Ⅳ.① G40 - 03

中国版本图书馆 CIP 数据核字（2022）第 245090 号

教育发生的地方

李斌 著

Jiaoyu Fasheng de Difang

出版发行	中国人民大学出版社			
社　址	北京中关村大街31号		**邮政编码**	100080
电　话	010 - 62511242（总编室）		010 - 62511770（质管部）	
	010 - 82501766（邮购部）		010 - 62514148（门市部）	
	010 - 62515195（发行公司）		010 - 62515275（盗版举报）	
网　址	http://www.crup.com.cn			
经　销	新华书店			
印　刷	北京华宇信诺印刷有限公司			
规　格	720 mm × 1000 mm　1/16		**版　次**	2023 年 1 月第 1 版
印　张	12.5　插页 1		**印　次**	2024 年 9 月第 6 次印刷
字　数	145 000		**定　价**	68.00 元